Relifix 2

Relifix 2

Stundenbilder fix und fertig aufbereitet
für den evangelischen Religionsunterricht
an Grundschulen

Hanna Bogdahn

Claudius

Bibliografische Information Der Deutschen Bibliothek
Die Deutsche Bibliothek verzeichnet diese Publikation in der
Deutschen Nationalbibliografie; detaillierte bibliografische Daten
sind im Internet über <http://dnb.ddb.de> abrufbar.

5. überarbeitete und ergänzte Auflage 2011
© Claudius Verlag München 2003
Birkerstraße 22, 80636 München
www.claudius.de
Alle Rechte, auch die des auszugsweisen Nachdrucks,
der fotomechanischen und elektronischen Wiedergabe
sowie der Übersetzung, vorbehalten.
Umschlaggestaltung: Büro für Konzept und
Gestaltung Meyer, Tübingen
Gesamtherstellung: SOMMER media GmbH & Co. KG,
Feuchtwangen

ISBN 978-3-532-71164-4

INHALT

Vorwort 9
Einführung 10

**1. Themenbereich:
Miteinander
leben –
füreinander
da sein**

Lernziele/Stoffverteilungsplan 12
1. Wir kommen zum Religionsunterricht zusammen 13
2. Leben zur Zeit Josefs 14
3. Josefs Familie 15
4. Josefs schönes Kleid 16
5. Das zahlen wir ihm heim! 17
6. Die Brüder verkaufen Josef 18
7. Josef kommt nach Ägypten 19
8. Im Gefängnis 20
9. Der Pharao träumt 21
10. Josef wird Minister 22
11. Gott hat alles gut gemacht (1) 23
12. Meine Familie 24
13. Mama 25
14. Papa 26
15. Geschwister 27
16. Ich 28
17. Familienrat 29
18. Leos Garten 30
19. Gott hat alles gut gemacht (2) 31

**2. Themenbereich:
Auf Weihnachten
warten –
Erfüllung erleben**

Lernziele/Stoffverteilungsplan 32
1. Advent – Warten und Hoffen 33
2. Allein fällt das Warten schwer 34
3. Marias Weihnachtsgeschichte 35
4. In Armut geboren 36
5. Marias Geschichte geht weiter 37
6. Wir feiern Weihnachten 38

**3. Themenbereich:
Von der Hilfe Jesu
erfahren –
sich auf seine
Hilfe einlassen**

Lernziele/Stoffverteilungsplan 39
1. Das Land, in dem Jesus gelebt hat 40
2. Leben in der Familie 41
3. Die jüdische Religion 42
4. Zachäus, armer, reicher Mann 43
5. Zachäus ändert sich 44
6. Menschen ändern sich 45
7. Jesus heilt den Gelähmten 46
8. Vor Angst wie gelähmt 47
9. Behindert? 48
10. Jesus heilt den Aussätzigen 49
11. Wenn Jesus heute käme 50

4. Themenbereich: *Einsamkeit erfahren – Zuversicht gewinnen*	Lernziele/Stoffverteilungsplan	51
	1. Maria Magdalena	52
	2. Das Abendmahl	53
	3. Gefangennahme und Verurteilung	54
	4. Jesus stirbt am Kreuz	55
	5. Er ist auferstanden!	56
	6. Das Kreuz	57
	7. Jesus beendet den Teufelskreis der Gewalt	58
	8. Wie können wir den Teufelskreis beenden?	59
5. Themenbereich: *Bewahrende Ordnungen in der Schöpfung entdecken*	Lernziele/Stoffverteilungsplan	60
	1. Der ewige Kreis der Natur	61
	2. Immer das Gleiche	62
	3. Alles in Ordnung?	63
	4. Noah baut die Arche	64
	5. Noah wird gerettet	65
	6. Beschützt in der Arche	66
	7. Der Regenbogen	67
	8. Nach dem Regen kommt die Sonne	68
6. Themenbereich: *Mit Geschichten der Bibel leben – aus Geschichten der Bibel lernen*	Lernziele/Stoffverteilungsplan	69
	1. Der barmherzige Samariter	70
	2. Liebe deinen Nächsten!	71
	3. Diakonie	72
	4. Ein Interview	73
	5. …wie dich selbst!	74
7. Themenbereich: *Sich im Gebet an Gott wenden*	Lernziele/Stoffverteilungsplan	75
	1. Psalmen	76
	2. Wir beten: Das Vaterunser	77
	3. Vater unser im Himmel	78
	4. Dein Reich komme	79
	5. Unser tägliches Brot gib uns heute	80
	6. Und vergib uns unsere Schuld	81
	7. Und führe uns nicht in Versuchung	82
	8. Amen	83

Materialien	Materialien	85

- M 1 Kennenlernspiele
- M 2 Lied: Josef will nicht so allein
- M 3 – 11 Die Josefsgeschichte
- M 12 Bild: Josef und seine Brüder
- M 13 Hefteintrag: Josefs schönes Kleid
- M 14 Hefteintrag: Josef im Brunnen
- M 15 Hefteintrag: Josef wird verkauft
- M 16 und M 17 Pyramide
- M 18 Hefteintrag: Josef im Gefängnis
- M 19 Bilder für Hefteintrag: Der Pharao träumt
- M 20 Hefteintrag: Kornspeicher
- M 21a Folie: Meine Familie
- M 21b Erzählung: Der Teddybär
- M 21c Bild: Teddy
- M 22 Fragebogen
- M 23a Erzählung: Familienrat
- M 23b Informationsblatt: Familienrat
- M 24 Erzählung: Leos Garten
- M 25 Textkarten: Gott ist da!
- M 26 Lied: Osterruf
- M 27 Bild: Warten
- M 28 Bild: Elendsviertel
- M 29 Erzählung: Maria und Elisabeth
- M 30 Erzählung: Maria und Josef
- M 31 Erzählung: Marias Geschichte geht weiter
- M 32 Bild: Tempel
- M 33 Palästina Karte
- M 34 Text: Land
- M 35a Erzählung: Leben in der Familie
- M 35b Tabelle und Karten
- M 35c Erzählung: Die jüdische Religion
- M 35d Text: Religion zur Zeit Jesu
- M 36a Bilder: Zachäus
- M 36b Hefteintrag
- M 37 Lied: Zachäus
- M 38a Erzählung: Die Rettung der Meerschweinchen
- M 38b Bild: Meerschweinchen
- M 39 Erzählung: Die Heilung des Gelähmten
- M 40 Hefteintrag: Heilung des Gelähmten
- M 41a Erzählung: Vor Angst wie gelähmt
- M 41b Rollenspiel: Vor Angst wie gelähmt
- M 42a Erzählung: Wenn Jesus heute käme
- M 42b Erzählung: Der Schachclub
- M 42c Bild: Schachfiguren
- M 43 Erzählung: Maria aus Magdala
- M 44 Bilder: Abendmahl
- M 45 Erzählung und Text: Abendmahl
- M 46 Erzählung: Gefangennahme und Verurteilung
- M 47 Erzählung: Jesus stirbt am Kreuz
- M 48 Skizze Kreuz
- M 49 Erzählung: Er ist auferstanden!

M 50 Gesprächskarten
M 51 Vorlage für Hefteinträge: Teufelskreis
M 52a Erzählung: Der Verweis
M 52b Erzählung: Die Brücke
M 52c Hefteintrag: Brücke
M 53 Erzählung: Sonntagnachmittag
M 54 Hefteintrag: Noah
M 55 Erzählung: Sina und der Regenbogen
M 56 Lied: Der barmherzige Samariter
M 57 Erzählung: Der barmherzige Samariter
M 58a Erzählung: Die barmherzige Aylin
M 58b Rollenspiel: Helfen
M 58c Kopiervorlage: Sticker
M 59 Arbeitsblatt: Liebe deinen Nächsten wie dich selbst
M 60 Arbeitsblatt: Psalm 23
M 61 Puzzle
M 62a Vaterunser
M 62b Hefteintrag
M 63a Erzählung: Felix und die »Helfenden Hände«
M 63b Hefteintrag
M 64 Erzählung: Ausreden
M 65 Erzählung: Die Geschichte von Käpt'n Kokosnuss
M 66 Erzählung: Und führe uns nicht in Versuchung
M 67 Hefteintrag dazu

Anhang Querverbindungen (QV) zum allgemeinen Lehrplan 153
Materialliste zum rechtzeitigen Planen 154
Literaturverzeichnis 159

Vorwort

Was könnte man sich als Lehrer/In Schöneres wünschen, als pädagogisches Engagement und überzeugtes Wirken für die Kinder in der Schule an ehemaligen Schülern/innen bzw. Studenten/Innen beobachten zu können – gleichsam als wohltuende Resonanz auf eigenes pädagogisches Bemühen?
Hanna Bogdahn hat es mir mit ihrer Bitte, das Vorwort zum 2. Band der Reihe »Relifix« zu schreiben, auf liebenswürdige Weise zum Ausdruck gebracht.
Was beim Durchblättern und Lesen der bisher vorliegenden Bände, die für die 3. und 4. Jahrgangsstufe fortgesetzt werden sollen, sofort ins Auge springt, ist:
1.) die in inhaltlicher und formaler Hinsicht überzeugende Umsetzung der Intentionen des neuen Grundschullehrplans von 2000. Eine erfahrene und konsequent arbeitende Grundschullehrerin ist hier am Werk, die es dem Leser leicht macht, sich rasch in den sehr gut durchstrukturierten und übersichtlich dargestellten Unterrichtsmodellen und Arbeitshilfen für den evangelischen Religionsunterricht der 2. Jahrgangsstufe zurechtzufinden! Durchgängig sind – ein besonderes Anliegen des Lehrplans – die fächerübergreifenden Hinweise angegeben, womit deutlich wird, dass der Religionsunterricht in das Gesamtbildungskonzept der Grundschule eingebettet ist. Klassenlehrer wie Religionspädagogen und Pfarrer, die als Fachlehrer in die Schule kommen, sowie Studenten und Referendare können so gleichermaßen einen guten Überblick über die Themen und religionspädagogischen Intentionen des Religionsunterrichts der jeweiligen Jahrgangsstufe und, vor allem – soweit der Religionsunterricht nicht in der Hand des Klassenlehrers liegt – die Arbeit erleichternde Hinweise für die Zusammenarbeit gewinnen.
2.) Die Begeisterung der Verfasserin für das religionspädagogische Anliegen und den Religionsunterricht zieht sich wie ein roter Faden durch das ganze Werk; man spürt die langjährige, reiche Erfahrung, aus der Hanna Bogdahn schöpfen kann.

Die Unterrichtsmodelle wie Arbeitshilfen zeigen überzeugende pädagogische und methodische Kompetenz und bieten viele Anregungen und unmittelbar umsetzbare unterrichtspraktische Hinweise. Die beigefügten Beispiele frei erzählter, phantasievoller biblischer und problemorientierter Geschichten machen die theologisch sichere Basis, die persönliche Glaubensüberzeugung und innere Freiheit, die dahinter stehen, deutlich spürbar. Der Verzicht auf das *Formulieren* fachdidaktischer Überlegungen, hier theologischer und religionspädagogischer Natur, setzt den Schwerpunkt der Relifix-Reihe – wie schon der Titel eindeutig artikuliert – primär auf das Unterrichtspraktische. Der Leser, der nicht so selbstverständlich wie die Verfasserin auf dieses fachdidaktische Wissen als Grundlage seines Unterrichtens zurückgreifen kann, sollte bedenken, dass die vorliegenden Unterrichtsmodelle diese voraussetzen, und dass sie als Anregung und Hilfe die eigene religionspädagogische Reflexion und Arbeit unterstützen und erleichtern sollen, um den Religionsunterricht so lebendig wie nur möglich zu gestalten.

Helga Müller-Bardorff

Einführung

Im ersten Band »Relifix« habe ich die Religionsstunden im Buch mit einem schnell zubereiteten Mittagessen verglichen: Beide sind einfach; so wie das Essen aber trotzdem nahrhaft und wohlschmeckend sein kann, so beinhalten auch diese Religionsstunden das Wesentliche und machen Kindern und Lehrkräften Spaß. Ein zweites Beispiel aus dem kulinarischen Bereich möchte ich verwenden, um den Zweck dieses Buches zu beschreiben: Wenn die Frage: »Was koche ich?« entschieden ist, geht das Einkaufen und Zubereiten schnell von der Hand. Hat man schon ein Rezept, kann das ja abgeändert werden. Aber es ist einfacher, sich etwas auszudenken, wenn man schon irgendetwas in der Hand hat. Zum Beispiel dieses Buch, wenn es um die Vorbereitung des Religionsunterrichtes in der zweiten Klasse geht.

Im Religionsunterricht möchte ich eine Brücke schlagen zwischen den Kindern und der Religion. Es ist wichtig, die Kinder ernst zu nehmen, ihre Bedürfnisse zu achten und ihnen Gelegenheit zu geben, sich zu äußern und zu entwickeln. Es ist ebenso wichtig, ihnen die Religion als Möglichkeit der Lebensgestaltung und als Richtlinie der Gesellschaft nahe zu bringen. Diese Ziele erfüllen meinen Unterricht; ich hoffe, dass das in den Stunden spürbar ist. Gleichzeitig sind die Stunden einfach aufgebaut und unaufwändig in der Vorbereitung. Das ist ein Buch aus der Praxis und für die Praxis!

Zum Aufbau von Relifix 2

Die Grundlage dieser Religionsstunden bildet der neue Lehrplan, der im Schuljahr 2002/2003 für die zweite Jahrgangsstufe eingeführt wurde.
Die Möglichkeiten der Querverbindungen (QV) zu den anderen Unterrichtsfächern werden laufend genannt. Die zu den Kürzeln und Nummern passenden Erklärungen finden Sie auf S. 153.
Jede Sequenz beginnt mit dem Stoffverteilungsplan; alle Stunden sind hier aufgeführt.
Dann folgt, jeweils auf einer Seite, die Unterrichtsstunde, die knapp und übersichtlich, aber vollständig skizziert ist. Aber Achtung: Es werden Bücher und diverse Materialien gebraucht, die rechtzeitig beschafft werden müssen. Sie finden am Ende des Buches sowohl eine Literaturliste, die die verwendeten Vorlesebücher aufführt, als auch eine Liste mit allen benötigten Materialien. Obwohl die Unterrichtsstunden meist einer 45-Minuten-Einheit entsprechen, ist keine Eile angesagt. Es geht nicht darum, alle Stunden vollständig durchzunehmen. Bitte wählen Sie aus und setzen Sie Ihre persönlichen Schwerpunkte!
Die Stunden sind auch für die erste Klasse geeignet. Wer, wie ich, die 1. und 2. Klasse zusammen unterrichtet, kopiert lediglich die Texte für die Hefteinträge in Druckschrift.

Die Stunden sind klassisch aufgebaut

Der Religionsunterricht beginnt mit der Begrüßung und einem Lied, dabei sitzen wir im Sitzkreis. Oft wird kurz an die vergangene Stunde angeknüpft. Mit der Hinführung steigen wir ins Thema ein. Dann folgt das Kernstück der Stunde, die Erarbeitung, die das Thema erschließt, mit Erzählung, Gespräch, Rollenspiel, Gruppenarbeit und anderem. Danach ist die Phase der Sicherung/Gestaltung an der Reihe, die den Kindern die Möglichkeit gibt, sich auf verschiedene Weise auszudrücken.

Es wird gemalt, gebastelt, Musik gemacht, gesungen und gespielt.
Dem Hefteintrag gebe ich den Vorzug vor dem Arbeitsblatt. Mit dem gemeinsamen und einem freien Gebet beenden wir die Stunde.
Der Einfachheit halber werden die Abkürzungen »L« für »die Lehrerin bzw. der Lehrer« und »Schü« für »die Schülerinnen und Schüler« verwendet.

Nach der Stunde kommen die Kinder oft zu mir und wollen noch etwas loswerden. Einmal war ich ziemlich erkältet, packte meine Tasche nach einer schönen Religionsstunde, da kam noch ein Mädchen, auch sie verschnupft und hustend, und sagte: »Frau Bogdahn, eigentlich bin ich krank. Aber ich wollte Reli nicht verpassen!« Ich freute mich riesig und antwortete: »Kathrin, ich auch nicht!« –
So viel beidseitige Freude wünsche ich Ihnen mit Relifix 2!

Hanna Bogdahn, im Frühjahr 2003

1. THEMENBEREICH
Miteinander leben – füreinander da sein

Lernziele

2.1. Miteinander leben – füreinander da sein
2.1.1. Josef und seine Brüder
2.1.2. Gott begleitet und rettet
2.1.3. Gemeinschaft kann gelingen

QV: PL 1/2.3., KR 2.2., Eth 1/2.2., MuE 2.4.2., D 1/2.1.3. und 1/2.4.1., HSU 2.4.1.

Stoffverteilungsplan für September/ Oktober/ November

1. Wir kommen zum Religionsunterricht zusammen Begrüßung, Kennenlernen, Gestalten eines Deckblattes	
2. Leben zur Zeit Josefs	
3. Josefs Familie	2.1.1.
4. Josefs schönes Kleid	2.1.1.
5. Das zahlen wir ihm heim!	2.1.1.
6. Die Brüder verkaufen Josef	2.1.1.
7. Josef kommt nach Ägypten	2.1.1., 2.1.2.
8. Im Gefängnis	2.1.1., 2.1.2.
9. Der Pharao träumt	2.1.1., 2.1.2.
10. Josef wird Minister	2.1.1., 2.1.2.
11. Gott hat alles gut gemacht (1)	2.1.1., 2.1.2.
12. Meine Familie	2.1.3.
13. Mama	2.1.3.
14. Papa	2.1.3.
15. Geschwister	2.1.3.
16. Ich	2.1.3.
17. Familienrat	2.1.3.
18. Leos Garten	2.1.3.
19. Gott hat alles gut gemacht (2)	2.1.2., 2.1.3.

1. Stunde: Wir kommen zum Religionsunterricht zusammen

Material
Papier in acht verschiedenen Farben, Wasserfarben
Kindergesangbuch; evtl. Namenskarten; Religionshefte in DIN-A4, wenn möglich, von der 1. Klasse weiter benutzen

Hinführung
L: Hallo! Schön, dass du da bist! Wir treffen uns (wieder) zwei Mal in der Woche zum Religionsunterricht. Wieder gibt es viele spannende Geschichten zu hören, wieder haben wir viel Zeit zum Reden und auch zum Malen und Basteln. Ich freue mich darauf!
Schü.äußerungen
Natürlich singen wir auch miteinander, und das machen wir jetzt:
Lernen/singen des Liedes: »Hallo, hallo! Schön, dass du da bist!«, Kindergesangbuch Nr. 180

Erarbeitung/ Gestaltung
Kennenlernspiele im Sitzkreis, falls die Gruppe sich noch nicht kennt (siehe M 1):
Wir gestalten die Titelseite im Religionsheft
L: Unser Religionsheft brauchen wir wieder. Das soll heute eine sehr schöne erste Seite bekommen. Ich zeige dir, wie ich mir das gedacht habe:
Jedes Kind bekommt ein verschiedenfarbiges Papier in halber Heftgröße DIN-A5. L zeigt und erklärt:
Dieses Papier wird in der Hälfte durchgeschnitten, beide Hälften aufeinander gelegt und noch einmal halbiert, die vier Teile aufeinander gelegt und ein letztes Mal in der Mitte durchgeschnitten, so dass es nun acht Teile sind. Aber es sind acht Teile von der gleichen Farbe, das ist ja langweilig. Deswegen tauscht ihr: Geh zu einem anderen Kind, gib ihm ein Stück von deinem blauen Papier, dafür bekommst du ein gelbes Papier. Das machst du, bis du acht verschieden farbige Papierstücke hast! – *Das wird so durchgeführt. Der L hat sicherheitshalber viele Ersatzpapierstücke, denn es geht nur auf, wenn die Schülerzahl durch 8 teilbar ist. Danach treffen sich alle wieder im Sitzkreis*
L: Wieviele Buchstaben hat das Wort »Religion«?
Schü: Acht... Jeder Buchstabe soll auf ein Papierstück!
L: Genau! Und zwar so *(zeigt):* *Die Wasserfarben werden mit Wasser und Pinsel angerührt, dann wird der Buchstabe mit dem Finger auf das Papier gemalt. Am besten gehen große Druckbuchstaben; wer sich unsicher ist, soll mit dem Bleistift vorschreiben. An der Tafel steht das Wort »Religion«. L muss vor allem beim »g« oft ein bisschen helfen. Am Ende werden die Buchstaben auf die Seite im Religionsheft eingeklebt.*
Schü.aktivität

Schluss
Die Ergebnisse werden betrachtet und gelobt.
L: Was gehört noch zum Religionsunterricht? Wir beten gemeinsam! Erst sprechen wir das Gebet, das wir in der ersten Klasse gelernt haben:
»Lieber Gott, ich bitte dich: Schau auch diesen Tag auf mich.
Was ich denke, sage, tu', gib deinen Segen mir dazu!«
Anschließend können die Kinder sich im freien Gebet äußern.
Verabschiedung

2. Stunde: Leben zur Zeit Josefs

LZ: 2.2.1. Josef und seine Brüder
QV: KR 2.2.1.

Material	Möckmühler Arbeitsbogen Nr. 5 »Josef« vom Aue Verlag (www.aue-verlag.de, Medien, Landkarten), Lied: Josef will nicht so allein (M 2)
	Begrüßung, Lied: »Josef will nicht so allein« (M 2), nur erste Strophe Dieses Lied lässt sich gut als Echo-Lied singen: L singt jeweils eine Zeile vor, Schü singen sie nach. So brauchen die Kinder keinen Liederzettel.
Hinführung	L: Von Josef handelt dieses Lied, und die spannende Geschichte von Josef hörst du in den nächsten Religionsstunden von mir.
Erarbeitung	L: Wie die Menschen früher gelebt haben, das haben wir in der ersten Klasse schon gelernt. An was erinnerst du dich? *Unterrichtsgespräch:* Früher lebten die Menschen in einfachen Häusern, zusammen mit den Tieren, es wurde selbst Mehl gemahlen und Brot gebacken, das Wasser musste man vom Brunnen holen. Auch die Kleidung war einfach und selbst gemacht. Von Beruf waren die Männer damals Hirten, Bauern, Fischer… Nomaden waren Hirten, die in Zelten lebten und mit ihrer ganzen Familie und ihren Tieren und allen Dingen von Ort zu Ort zogen, von einem Futterplatz zum nächsten. Das Land, in dem Abraham und später Jesus lebten, hieß Palästina, noch früher hieß es Kanaan. Weißt du noch etwas von dem Wetter dort, von den Pflanzen und Tieren? L: Ein Nachbarland im Süden ist Ägypten. Davon hast du bestimmt schon gehört. Schü.äußerungen: Da gibt es Pyramiden, da tragen die Leute andere Kleidung… L: Der König dort heißt Pharao, das Land ist sehr groß. Der Nil ist ein großer Fluss, der das Land durchquert, und dort wächst auch viel…
Sicherung/ Gestaltung	L: Auf diesem Bildplan kannst du viel entdecken *L teilt den Möckmühler Arbeitsbogen aus* *Schü beschreiben den Bildplan, finden Kanaan und Ägypten* L: Dieser Bildplan wird die Josefsgeschichte begleiten; du darfst heute anfangen, ihn auszumalen *Schü malen aus, erzählen, was sie entdecken*
Schluss	*Gebet* *Verabschiedung*

3. Stunde: Josefs Familie

LP: 2.2.1. Josef und seine Brüder
QV: KR 2.2.1.

Material	Lied (M 2), Erzählung (M 3), kopiertes Bild (M 12)
	Begrüßung, Lied: »Josef will nicht so allein« (M 2), erste Strophe
Hinführung	»Josef will nicht so allein, immer nur beim Vater sein. Doch die Brüder woll'n ihn nicht, schau'n ihm böse ins Gesicht...« Was war da los?
Erarbeitung	*L.erzählung (M 3)* Josef hat 10 große Brüder und einen kleinen Bruder, Benjamin. Die großen Brüder sind stark und tüchtig und arbeiten als Hirten. Josef ist nicht stark, dafür klug und wissbegierig; er kann lesen. Sein Vater Jakob ist ein wohlhabender Mann. Josef ist Jakobs Lieblingssohn. Die Brüder hassen Josef deswegen. *Schü.äußerungen* *Gespräch* *Zusammenfassen* Wer gehört zu Josefs Familie? Wer mag wen gern? Wer mag wen nicht?
Sicherung/ Gestaltung	*Gestalten eines Hefteintrages* *Den Text schreibt L an die Tafel oder auf die Folie:* JOSEF *(große rote Überschrift)* Josef lebt mit seinen 11 Brüdern bei seinem Vater Jakob. Die Brüder hassen Josef. *Schü gestalten Hefteintrag* *Sie schreiben und kleben das Bild (M 12) dazu*
Schluss	*Zusammenfassung* *Gebet* *Verabschiedung*

Anmerkung: Laut Lehrplan beginnen die Kinder der zweiten Klasse nun, die Schreibschrift zu lernen. Erst wenn alle Buchstaben geübt sind, sollen die Kinder Hefteinträge in Schreibschrift schreiben. Je nach Stand der Klasse dauert das evtl. noch bis Weihnachten. Bitte mit der Klassenlehrerin absprechen.

4. Stunde: Josefs schönes Kleid

LZ: 2.2.1. Josef und seine Brüder
QV: KR 2.2.1.

Material	gemustertes Geschenkpapier, Lied (M 2), Erzählung (M 4), Hefteintrag (M 13)
	Begrüßung, Lied: »Josef will nicht so allein« (M 2), erste Strophe
Hinführung	Anknüpfen an die vorangegangene Stunde L: Stellt euch vor, ein Vater hat zwei Kinder – ein Mädchen und einen Jungen. Aber er bevorzugt den Jungen. Er darf mitkommen zum Fußballspiel, sie nicht. Ihm bringt er etwas von seiner Reise mit, ihr nicht… *Schü.äußerungen:* Das ist nicht richtig!
Erarbeitung	*L.erzählung (M 4)* Jakob schenkt Josef ein kostbares Gewand. Die Brüder sind wütend und lassen Josef ihren Hass spüren. Josef träumt von zwölf Garben und von Sonne, Mond und Sternen. Auch diese Träume deuten die Brüder als Angeberei. *Schü.äußerungen* *Gespräch* Was sagst du dazu? Bestimmt kannst du die Brüder verstehen… Deine Eltern haben dich bestimmt genauso lieb wie deine Schwester oder deinen Bruder. Sie geben sich bestimmt sehr große Mühe, alle Kinder gleich zu behandeln. Sonst wäre das ja nicht gerecht! Wie ist das in deiner Familie? Werden Mädchen benachteiligt? Werden die kleinsten Kinder bevorzugt? *Schü erzählen* L: Aber andererseits ist Josef offensichtlich etwas Besonderes… Das werdet ihr noch hören!
Sicherung/ Gestaltung	L: Ins Heft sollst du das schöne Kleid von Josef einkleben. *L zeigt es: Aus Geschenkpapier wird ein einfaches Gewand ausgeschnitten. Dieses Gewand wird ins Heft geklebt, dazu Kopf, Arme und Beine gemalt. Der Text lautet:* Jakob hat Josef am liebsten und schenkt ihm ein schönes Kleid. *Schü gestalten Hefteintrag*
Schluss	*Zusammenfassung, Lied singen, die Strophen 1–4* *Gebet* *Verabschiedung*

5. Stunde: Das zahlen wir ihm heim!

LZ: 2.1.1. Josef und seine Brüder
QV: KR 2.1.1., Ethik 1/2.6.: Mit Gefühlen umgehen

Material	braunes Tonpapier (Stücke in Größe DIN-A6), Lied (M 2), Erzählung (M 5), Hefteintrag (M 14)
	Begrüßung, Lied: »Josef will nicht so allein« (M 2), Strophen 1–4
Hinführung	*Anknüpfen an die vorangegangene Stunde* L: Die Brüder hassen Josef so sehr, sie wollen es ihm heimzahlen, dass er so ein Angeber ist, wie sie finden. Kennst du so eine Wut? *Schü.äußerungen*
Erarbeitung	*L.erzählung (M 5)* Die Brüder sind mit den Herden nach Sichem gewandert. Jakob schickt Josef, um sie zu besuchen. Die Brüder empfangen Josef mit Wut und Hass, sie schlagen ihn und werfen ihn in einen leeren Brunnen. *Schü.äußerungen, Gespräch* So etwas Schlimmes haben die Brüder jetzt getan! Das geht doch zu weit! Auch wenn sie Josef hassen, sie dürfen ihm kein Leid antun! L: Wenn sich Kinder im Schulhof streiten, weil der eine dem anderen etwas heimgezahlt hat, dann sage ich immer: Ich verstehe, dass du sauer bist. Wenn der dich beleidigt und du sagst Ausdrücke zu ihm, das verstehe ich. Wenn der dich haut und du haust zurück, das ist nicht schön, aber verstehen kann ich das auch. Aber: Wenn einer schimpft, nur mit Worten, und der andere tritt ihn dafür, mit den Füßen, dann ist das nicht in Ordnung! Wenn du dich wehrst, dann bitte tu nur das, was er dir getan hat. Höchstens! *Schü.äußerungen (Das ist übrigens ein interessantes Thema und kann durchaus ausgeweitet werden! Nach Ostern folgt der weitergehende christliche Vorschlag in der Stunde: »Jesus durchbricht den Teufelskreis der Gewalt«. Auch das Ende der Josefsgeschichte ist geeignet, um die Kinder nachdenklich zu machen, ob das ewige Heimzahlen zu etwas führt. Und doch möchte ich das an dieser Stelle so stehen lassen. Bei vielen Kindern wäre das schon ein großer Fortschritt, wenn sie sich an diese Regel hielten.)* Josef hatte sie neidisch gemacht, aber er hatte ihnen nichts Böses getan.
Sicherung/ Gestaltung	*Gestalten eines Hefteintrages (siehe M 14), L zeigt:* *Die Überschrift lautet:* Die Brüder werfen Josef in einen Brunnen Den Brunnen malen wir so: Auf das braune Tonpapier malt ihr die Steine. Unten am Boden liegt Josef, ganz verzweifelt. *Der gemalte Brunnen wird dann ins Heft eingeklebt* *Schü gestalten Hefteintrag*
Schluss	*Zusammenfassung, Lied Strophen 1–4* *Gebet* *Verabschiedung*

6. Stunde: Die Brüder verkaufen Josef

LZ: 2.1.1. Josef und seine Brüder
QV: KR 2.1.1.

Material	Lied (M 2), Erzählung (M 6), Hefteintrag (M 15), Rupfenstoff in ca. 20 x 20 cm Stücke geschnitten, einige Münzen, Papier, evtl. Wachsmalkreiden
	Begrüßung, Lied: »Josef will nicht so allein« (M 2), Strophen 1–4
Hinführung	*Anknüpfen an die vorangegangene Stunde* L: Was kannst du kaufen? Jedes Kind sagt etwas, was man kaufen kann. *Schü nennen einige Waren* L: Kann man denn Menschen kaufen? – Schü: Nein! L: Aber damals konnte man das. Das waren Sklaven, sie mussten dann arbeiten ohne Lohn und gehörten ihrem Besitzer so wie ein Hund.
Erarbeitung	*L.erzählung (M 6)* Als Josef in der Grube liegt, trifft eine Karawane mit Kaufleuten ein. Die Brüder holen Josef aus der Grube und verkaufen ihn an die Händler. *Schü.äußerungen* *Gespräch* Zwar ist es ein Glück, dass Josef nicht in der Grube verhungert ist, aber gut schaut es trotzdem nicht aus. Wie wird das weitergehen?
Sicherung/ Gestaltung	*Gestalten eines Hefteintrages (siehe M 15)* *Die Überschrift lautet: Josef wird an reisende Händler verkauft.* *L zeigt, wie ein Geldsack mit Münzen gebastelt wird:* *Ein Papier (DIN-A5) wird auf den Rupfenstoff gelegt und mit brauner Wachsmalkreide oder Farbstift darüber gemalt, so dass sich die Struktur des Stoffes abzeichnet.* *Daraus wird ein Sack ausgeschnitten. Auf der Rückseite vorzeichnen! Er sollte ungefähr handtellergroß sein.* *Als nächstes werden auf die gleiche Weise Münzen hergestellt. Das ist schwierig, weil sie leicht wegrutschen. Am besten die Münzen hinlegen, das Papier darüber, und mit Daumen und Zeigefinger der linken Hand das Papier rechts und links von der Münze fest halten. Dann mit dem gelben, orangen Farbstift oder Bleistift drübermalen.* *Gut gelungene Münzen werden ausgeschnitten und auf den Geldsack geklebt.* *Um den Geldsack herum wird im Heft ein Bild gemalt mit Josef und einem Händler.* *Schü gestalten Hefteintrag*
Schluss	*Zusammenfassung, Lied Strophe 1–5* *Gebet* *Verabschiedung*

7. Stunde: Josef kommt nach Ägypten

LZ: 2.1.1. Josef und seine Brüder, 2.1.2. Gott begleitet und rettet
QV: KR 2.1.1.; Mathe 1.1. Geometrie (wegen der Pyramide)

Material	Lied (M 2), Erzählung (M 7), gelbes Papier, Lineal, gebasteltes Modell einer Pyramide (aus festem gelben Papier: Grundfläche 20 x 20 cm, Dreiecke 20 cm Kantenlänge; entsprechend Anleitung M 17), Hefteintrag (M 16)
	Begrüßung, Lied: »Josef will nicht so allein« (M 2), Strophe 1–5
Hinführung	*Anknüpfen an die vorangegangene Stunde* *L zeigt Modell einer Pyramide:* Wohin bringen die Händler den gefangenen Josef? *Schü:* Nach Ägypten...
Erarbeitung	*L.erzählung (M 7)* Die Händler kommen mit Josef in Ägypten an. Josef wird von Potifar gekauft, dem Hauptmann der königlichen Leibwache. Dort geht es ihm gut, denn er ist umsichtig und tüchtig. Potifar macht ihn zum Verwalter. *Schü.äußerungen* *kurzes zusammenfassendes Gespräch* Nun geht es Josef wieder sehr gut. Ist es ein Glück, dass er zu Potifar gekommen ist? Ist er nun am Ende seines Weges?
Sicherung/ Gestaltung	*Gestalten eines Hefteintrages* *Der Text lautet:* Josef wird in Ägypten als Sklave verkauft. Er kommt ins Haus Potifars und wird Verwalter. *L zeigt, wie für den Hefteintrag aus gelbem Papier eine Pyramide gestaltet wird (siehe M 16)* *Mit Lineal wird der Umriss gemalt, mit Lineal oder mit der Hand die Steine der Pyramide gezeichnet. Die Pyramide wird ins Heft geklebt und dazu ein Bild gestaltet, mit Sonne, einer Palme, vielleicht auch dem Fluss und Josef.* *Schü gestalten Hefteintrag*
Schluss	*Zusammenfassung, Lied Strophe 1–5* *Gebet* *Verabschiedung*
	Alternative: Wer Lust hat und sich die Zeit nehmen will, kann auch eine kleine dreidimensionale Pyramide zum Aufklappen basteln (siehe M 17) Die Grundlinien werden auf kariertes Papier gezeichnet und ausgeschnitten, dann auf gelbes Papier geklebt und ausgeschnitten. Die Pyramide wird mit der Grundfläche ins Heft geklebt und kann aufgeklappt werden.

8. Stunde: Im Gefängnis

LZ: 2.1.1. Josef und seine Brüder
QV: KR 2.1.1.

Material	Lied (M 2), Erzählung (M 8), Hefteintrag (M 18), Zahnstocher, Klebestreifen, festes Papier
	Begrüßung, Lied: »Josef will nicht so allein« (M 2), Strophe 1–5
Hinführung	*Anknüpfen an die vorangegangene Stunde* Manchmal fragt Josef sich: »Hat Gott das so gewollt? Werde ich hier bleiben müssen?«
Erarbeitung	*L.erzählung (M 8)* Josef gefällt der Frau des Potifar gut. Sie ruft Josef zu sich und will, dass er ihr Geliebter ist. Josef weicht zurück, sie packt ihn am Gewand, er reißt sich erschrocken los. Sie schreit, mit seinem Gewand in der Hand, und behauptet, Josef hätte sie umarmen und küssen wollen. Potifar glaubt ihr und lässt Josef ins Gefängnis werfen. *Schü.äußerungen, Gespräch* Nun geht es Josef doch wieder schlecht. Was hat Gott mit ihm vor? Josef begreift es nicht. Und wieder kann er eigentlich nichts dafür. Warum hat die Frau von Potifar das getan? Sie war verliebt in Josef, sie wollte ihn umarmen und küssen. Und Josef? Er wollte nichts von ihr! Da ist sie so sauer und beleidigt, dass sie so ein Geschrei macht und diese Lüge erzählt. Wenn jemand verliebt ist, und der andere liebt ihn nicht, dann kann aus der Enttäuschung ziemlich schnell Hass werden… *(Auf dieses »Erwachsenengespräch« lassen sich die Kinder gern ein; vielleicht auch deswegen, weil nicht wenige mit in Scheidung lebenden Eltern schon entsprechende Beobachtungen gemacht haben. Aber darauf achten, dass das Gespräch allgemein gehalten und nicht persönlich wird! Wem das zu heikel ist, der lässt es einfach weg.)*
Sicherung/ Gestaltung	*Gestalten eines Hefteintrages* Der Text lautet: Durch die Lüge von Potifars Frau kommt Josef ins Gefängnis. L zeigt, wie Josef im Gefängnis gemalt wird (siehe M 18): *Ein festes Papier (Größe ca. DIN-A6) wird in der Mitte gefaltet und ein kleines Viereck als Fenster hineingeschnitten. Das wird ins Heft gelegt, die Ränder des Fensters werden mit Bleistift markiert. Nun wird in das markierte Fenster hinein Josefs Kopf gemalt. Darauf legt man fünf Zahnstocher als Gitterstäbe, die mit zwei Streifen Klebestreifen befestigt werden. Schließlich wird das Papier-Gefängnis darüber geklebt und fertig gemalt.* *Schü gestalten Hefteintrag*
Schluss	*Zusammenfassung, Lied Strophe 1–5* *Gebet* *Verabschiedung*

9. Stunde: Der Pharao träumt

LZ: 2.1.1. Josef und seine Brüder, 2.1.2 Gott begleitet und rettet
QV: KR 2.1.1.

Material	Lied (M 2), Erzählung (M 9), blaues Tonpapier, kopiertes Bild (M 19)
	Begrüßung, Lied: »Josef will nicht so allein« (M 2), Strophen 1–5
Hinführung	*Anknüpfen an die vorangegangene Stunde* Weißt du, was du heute Nacht geträumt hast? *Schü.äußerungen* Manchmal träumt man ja Unsinn. Oft ist es so, dass im Traum etwas vorkommt, was man in Wirklichkeit erlebt hat, oder etwas, was man sich wünscht oder wovor man Angst hat. *Schü.äußerungen* Und es kann sein, dass Träume etwas Bestimmtes bedeuten…
Erarbeitung	*L.erzählung (M 9)* Josef wird nach einer Weile Diener im Gefängnis. Er deutet die Träume vom Bäcker und vom Mundschenk des Pharaos. Die Deutung geht in Erfüllung. Der Pharao träumt von den sieben Kühen und den sieben Ähren. Josef wird geholt und er weiß, was die Träume bedeuten. *Schü.äußerungen* *Gespräch* Und wieder wendet sich alles zum Guten. Sogar die schlimme Gefängniszeit hatte einen Sinn, denn sonst hätte Josef die Träume nicht deuten können. Warum war es gut, dass Josef die Träume des Pharao gedeutet hat? Wie geht es weiter?
Sicherung/ Gestaltung	*Gestalten eines Hefteintrages* *Die Überschrift lautet*: Josef deutet die Träume des Pharao *L zeigt, wie der Hefteintrag gestaltet wird: Ein Stück blaues Tonpapier (Größe ca. DIN-A5) wird als Nachthimmel ins Heft geklebt. Darauf der »Traum« und seitlich der Pharao. Der Himmel wird mit gelben Farbstiften mit Mond und Sternen bemalt.* *Unten ist noch Platz für den Text:* Es kommen 7 gute Jahre, dann 7 schlechte Jahre. *Schü gestalten Hefteintrag*
Schluss	*Zusammenfassung, Lied Strophe 1-6* *Gebet* *Verabschiedung*
	Anmerkung: Für diese Stunde als Hinführung ein populärwissenschaftliches Buch über Traumdeutung aus der Bücherei zu holen bringt nichts. Das habe ich versucht.

10. Stunde: Josef wird Minister

LZ: 2.1.1. Josef und seine Brüder; 2.1.2. Gott begleitet und rettet
QV: KR 2.1.1.

Material	Lied (M 2), Erzählung (M 10), Hefteintrag (M 20), 100 Gramm Körner, z. B. Weizen, braunes und gelbes Papier, durchsichtige selbstklebende Folie in Stücken zu 10 x 10 cm
	Begrüßung, Lied: »Josef will nicht so allein« (M 2), Strophen 1–6
Hinführung	*Anknüpfen an die vorangegangene Stunde* Wisst ihr, was eine Ministerin oder ein Minister ist? Ein wichtiger Mensch, der viel zu bestimmen hat. Kennst du einen Minister in Deutschland oder in Bayern? Auch in Ägypten damals gab es Minister, die dem Pharao halfen.
Erarbeitung	*L.erzählung (M 10)* Josefs Weissagungen erfüllen sich. Der Pharao macht Josef zum Minister und vertraut ihm die Aufgabe an, die Vorräte in den reichen Jahren zu sammeln und in den Hungerjahren zu verteilen. Josef verschafft sich Anerkennung durch die gewissenhafte Erfüllung dieser Aufgabe. Josef heiratet Asnat und bekommt zwei Söhne. *Schü.äußerungen* *Gespräch* Nun hat Josef eine große Aufgabe. Das war es, was Gott von ihm wollte. Muss Josef jetzt nachträglich froh sein, dass die Brüder ihn in die Grube geworfen haben und dass er unschuldig im Gefängnis war? Vielleicht muss er sich nicht darüber freuen, aber froh war er bestimmt, dass er trotzdem nicht verzweifelt ist und dass er an Gott geglaubt hat. Gott hatte ihn nie verlassen, auch in den schlimmen Zeiten nicht.
Sicherung/ Gestaltung	*Gestalten eines Hefteintrages (siehe M 20)* *Der Text lautet:* Es kommt so, wie Josef es gesagt hat. In den 7 guten Jahren lässt Josef große Vorratshäuser bauen. In den 7 schlechten Jahren hat jeder genug zu essen. *L zeigt, wie ein Vorratshaus mit Getreide gestaltet wird: Jede/r bekommt eine Fingerspitze Getreidekörner ins Heft gestreut, die mit der Folie fest geklebt werden. In das braune Papier (Größe DIN-A6 quer) wird durch zwei Schnitte – von unten senkrecht ca. 4 cm und waagrecht ca. 4 cm nach links – eine Türe zum Aufklappen gemacht. Dieses braune Papier wird mit der Tür auf die Körner geklebt. Ein Streifen gelbes Papier stellt den Boden dar.* *Schü gestalten Hefteintrag*
Schluss	*Zusammenfassung, Lied Strophe 1–6* *Gebet* *Verabschiedung*

11. Stunde: Gott hat alles gut gemacht (1)

LZ: 2.1.1. Josef und seine Brüder, 2.1.2. Gott begleitet und rettet
QV: KR 2.1.1., 2.1.2., 2.1.3.

Material	Lied (M 2) evtl. kopiert, Erzählung (M 11)
	Begrüßung, Lied: »Josef will nicht so allein« (M 2), Strophen 1–6
Hinführung	*Anknüpfen an die vorangegangene Stunde* So gut wie es Josef jetzt geht, manchmal hat er doch Heimweh. Er denkt an seinen Vater, an seinen Bruder Benjamin, sogar an die großen Brüder, die ihn so schlecht behandelt haben. Die Familie ist im Leben etwas sehr Wichtiges, findet ihr das auch? *Schü.äußerungen* Ob Josef seine Familie noch einmal wiedersieht?
Erarbeitung	*L.erzählung (M 11)* Auch in Kanaan ist Hungersnot. Die Brüder kommen, um Korn zu kaufen. Josef empfängt sie, ohne dass sie ihn erkennen. Er prüft sie und sieht, dass sie bereuen, was sie ihm angetan haben. So gibt er sich zu erkennen und sie feiern das Wiedersehen. Jakob kommt mit der ganzen Familie, allen Knechten und Herden nach Ägypten. *Schü.äußerungen* L: Nun können wir das Lied bis zum Schluss singen! *Lied: »Josef will nicht so allein« (M 2), alle Strophen* *Gespräch* L: Die letzte Zeile heißt: »Ihr habt Böses ausgedacht, Gott hat alles gut gemacht.« *Dieser Satz wird gemeinsam gesprochen und auswendig gelernt.* Gott hat Josef begleitet und geführt. So konnte Josef das Land vor der Hungersnot bewahren. Josef hat gelernt, auch in ausweglos erscheinenden Situationen den Lebensmut nicht zu verlieren. Josef war bereit, sich mit den Brüdern zu versöhnen.
Sicherung/ Gestaltung	*Der Liederzettel wird ins Heft geklebt und die letzte Strophe farbig markiert.* *Es fehlt zum Abschluss noch ein Stück Text:* Josefs Brüder kommen, um Korn zu kaufen. Josef prüft sie und sieht, dass sie sich geändert haben. Am Ende feiern sie das Wiedersehen. *Gestalten des Hefteintrages; wer möchte, kann dazu malen*
Schluss	Ausblick: Die Geschichte von Josef ist nun zu Ende. Das war spannend! Hat es euch gefallen? Was hat euch am besten gefallen? Und was nicht…? *Schü.äußerungen* L: Du hast nun viel von Josefs Familie gehört. Unsere Familie, das ist unser nächstes Thema. Wer möchte, kann ein Foto von seiner Familie mitbringen! *Gebet* *Verabschiedung*

12. Stunde: Meine Familie

LZ: 2.1.3. Gemeinschaft kann gelingen
QV: Eth 1/2.2.; D 1/2.1.3.; HSU 2.4.1., (1.4.2.);

Material	Familienfotos, Kindergesangbuch
	Begrüßung, Ein neues Lied: »Danke für diesen guten Morgen«, (Kindergesangbuch Nr. 175)
Hinführung	*L hat Familienfotos von sich selbst dabei, wenn möglich, sowohl ein Foto aus der Kinderzeit als auch ein aktuelles Foto* *Schü.äußerungen*
Erarbeitung	L: Erzähle von deiner Familie! Wer gehört dazu? Hast du auch ein Foto dabei? *Schü.äußerungen, es geht reihum.* Nun kommt ein Spiel zum Kennenlernen: Alle Kinder, die eine Schwester haben, kommen in den Kreis. Nun sagt euch gegenseitig, wie eure Schwester heißt! *Auf diese Weise werden mehrere Durchgänge gespielt; dazwischen wieder hinsetzen* Wer hat einen Bruder? Wie heißt er? Wer hat eine ältere Schwester oder einen Bruder? Wie alt sind sie? Wer hat eine jüngere Schwester oder Bruder? Wie alt sind sie? Wer hat Oma oder Opa, die in München wohnen? In welcher Straße? Wer hat Oma oder Opa, die nicht in München wohnen? In welchem Ort? Wer hat ein Tier? Was für eines? Wie heißt es? *(evtl. weitere Fragen, z.B.:)* Wer lernt ein Instrument? Welches? *(Aber nicht die Kinder in den Kreis stellen, bei denen die Eltern getrennt sind)* Gespräch: Zur Familie können Vater, Mutter, Kind, Oma, Opa, Tiere gehören. Familien können sehr unterschiedlich sein!
Sicherung/ Gestaltung	*Gestalten eines Hefteintrages* *Die Überschrift heißt:* Meine Familie *Dazu wird ein Bild gemalt oder das mitgebrachte Foto kopiert und eingeklebt.* *Schü gestalten Hefteintrag*
Schluss	Ausblick: In den nächsten Stunden nehmen wir uns die Familie noch genauer vor. *Gebet* *Verabschiedung*
	Anmerkung: Dieses Thema ist in HSU in der 1. Klasse vorgesehen und könnte gekürzt werden. – Für die eigene Familie der Lehrkraft interessieren die Kinder sich sehr.

13. Stunde: Mama

LZ: 2.1.3. Gemeinschaft kann gelingen
QV: Eth 1/2.2.; D 1/2.1.3.; HSU 2.4.1.;

Material	Folie (M 21a), Kindergesangbuch
	Begrüßung, Lied: »Danke für diesen guten Morgen«, (Kindergesangbuch Nr. 175)
Hinführung	L: Heute geht es um die Mama! Oft ist »Mama« das erste Wort, das die kleinen Kinder sprechen. Weißt du, was dein erstes Wort war? *Schü.äußerungen* (Die Buben sagen allerdings oft als erstes »Auto«, wie mein Bruder...)
Erarbeitung	L: Hier auf dieser Folie habe ich dir viele Sätze über die Mama aufgeschrieben. Nun soll bitte immer ein Kind den Satz vorlesen. Wenn du findest, dass der Satz für deine Mama gut passt, dann melde dich! *Schü lesen die Sätze vor* *Gespräch:* Welcher Satz passt besonders gut? Erzähle etwas von deiner Mama! *(Die Sätze auf der Folie sind der Erfahrung nach ein ergiebiger Gesprächsanlass; falls das Gespräch zu stockend ist, können die Sätze auch der Reihe nach durchgearbeitet werden)* L: Jeder ärgert sich ab und zu über die Mama. Das ist ganz normal, das ist sogar wichtig, denn auch Streiten muss man lernen! Aber beim Satz »Meine Mama hat mich lieb« haben sich alle Kinder gemeldet, und das ist doch toll. Jede Mama liebt ihr Kind, bestimmt! Es ist schön, dass du sie hast!
Sicherung/ Gestaltung	*Gestalten eines Hefteintrages* L: Nun sollst du die zwei Sätze auswählen und ins Heft schreiben, die für deine Mama am besten passen. Du kannst auch mehr schreiben, aber mindestens zwei. Wenn du möchtest, kannst du deine Mama auch dazu malen. *Schü gestalten Hefteintrag* *Anmerkung: Wenn nicht gemalt wird, passen der Eintrag dieser und der nächsten beiden Stunden (Papa, Geschwister) auf eine Seite im Heft.*
Schluss	*Zusammenfassung* *Gebet, auch:* Wir danken, dass wir die Mama haben... *Verabschiedung* *Anmerkung: Falls ein Waisenkind in der Klasse ist, wird konsequent zur »Mama« immer die Oma / Tante, je nachdem, wer das Kind versorgt, dazu genannt.*

14. Stunde: Papa

LZ: 2.1.3. Gemeinschaft kann gelingen
QV: Eth 1/2.2.; D 1/2.1.3.; HSU 2.4.1.

Material	Folie (M 21a), Kindergesangbuch
	Begrüßung, Lied: »Danke für diesen guten Morgen«, (Kindergesangbuch Nr. 175)
Hinführung	*Anknüpfen an die vorhergehende Stunde* Wer ist heute an der Reihe? Der Papa! Oft kümmern sich die Mamas mehr um die Kinder, die Papas gehen in die Arbeit. Wie ist das bei dir? Findest du das gut? Muss das so sein? *Schü.äußerungen* Wenn es Eltern anders machen wollen, dann ist das auch gut!
Erarbeitung	Das kennst du schon von der letzten Stunde: Es sind die gleichen Sätze, heute sollst du überlegen, ob sie auch für deinen Papa passen! Lies einen Satz vor. Alle Kinder melden sich, wenn er zum Papa passt. Wenn du deinen Papa nicht kennst oder niemals siehst, dann kannst du dich natürlich nicht melden, das ist nicht schlimm. *Schü lesen Sätze vor und melden sich entsprechend* *Gespräch anhand der Sätze auf der Folie* Viele Kinder sagen: Papa hat nicht viel Zeit für mich. Oft ist der Papa lange in der Arbeit und danach dann müde. Liest er dir vielleicht eine Gutenachtgeschichte vor? Am Wochenende unternimmt der Papa dann bestimmt etwas mit dir. Jedenfalls, so wie die Mama, hat bestimmt auch der Papa dich lieb!
Sicherung/ Gestaltung	*Gestalten eines Hefteintrages* *Entsprechend wählen die Kinder 2 oder mehr zum Papa passende Sätze aus und schreiben sie ins Heft.* *Wer möchte, kann dazu malen.* *Schü gestalten Hefteintrag*
Schluss	*Zusammenfassung* *Gebet, auch:* Wir danken, dass wir den Papa haben. *Verabschiedung*

Anmerkung: Falls ein Kind dabei ist, das den Papa nicht kennt oder gar keinen Kontakt hat, braucht es sich nicht beteiligen und nichts ins Heft zu schreiben. Es malt an vorigen Bildern oder hilft den anderen beim Lesen. Es kann auch das Entsprechende über den Opa sagen.
Falls in diesen zwei Stunden sehr extreme Aussagen auffallen, bitte mit der Klassenlehrkraft oder ggf. mit den Eltern Kontakt aufnehmen.

15. Stunde: Geschwister

LZ: 2.1.3. Gemeinschaft kann gelingen
QV: Eth 1/2.2.; D 1/2.1.3.; HSU 2.4.1.;

Material	Folie (M 21a), Erzählung (M 21b), Bild Teddy (M 21c), Kindergesangbuch

Begrüßung, Lied: »Danke für diesen guten Morgen«, (Kindergesangbuch Nr. 175)

Hinführung	Viele von euch haben Geschwister, die sind auch wichtig. Über sie reden wir heute. *Schü.äußerungen*
Erarbeitung	Auch für die Geschwister gibt es so eine Folie mit Sätzen. Lies die Sätze vor, alle melden sich, wenn der Satz gut passt. Die Kinder, die keine Geschwister haben, kommen als nächstes an die Reihe. *Schü lesen Sätze vor, melden sich* *Schü lesen die Sätze für die Einzelkinder vor, melden sich* *Gespräch* Wie kommst du mit deinen Geschwistern zurecht? Gibt es oft Streit? Worüber? Was spielst du am liebsten mit den Geschwistern? Worüber hast du dich gefreut? Worüber hast du dich geärgert? Wenn du keine Geschwister hast, was hat das für Vorteile und Nachteile? *Schü erzählen* Es ist schon schön, Geschwister zu haben. Manche verstehen sich erst gut, wenn sie älter sind. Die Kinder von deiner Tante oder deinem Onkel sind Cousinen und Cousins. Hast du Cousinen/Cousins? Josef und seine Brüder haben sich am Anfang gehasst und dann waren sie doch so froh, dass sie einander hatten.
Sicherung/ Gestaltung	*Gestalten eines Hefteintrages* *Schü wählen Sätze aus, je nachdem, ob sie Geschwister haben oder nicht* *L.erzählung:* Nun hört ihr noch eine passende Geschichte. Es geht um einen Teddybär. Ihr bekommt ein Bild von mir, das ihr bitte ausmalt, während ich vorlese. *L.erzählung M21b:* Der Teddybär Fiona ist sehr böse auf ihren Bruder Elias, der ihren Teddy zerrissen hat. Als Elias krank wird, sorgt sie sich aber um ihn. *Schü.äußerungen, Gespräch* *Dazu wird auf einer neuen Seite ein Hefteintrag gestaltet: Überschrift: Der Teddybär. Die Schü schneiden den ausgemalten Teddybär aus, reißen ihm ein Bein ab (!) und kleben Körper und Bein getrennt ins Heft.*
Schluss	*Zusammenfassung* *Gebet, auch:* Wir danken, dass wir die Geschwister haben, auch wenn wir uns manchmal streiten… *Verabschiedung*

16. Stunde: Ich

LZ: 2.1.3. Gemeinschaft kann gelingen
QV: Eth 1/2.2.; D 1/2.1.3.; HSU 2.2.2., 2.4.1.; PL 1/2.1.

Material	evtl. ein Star-Portrait aus einer Zeitschrift, Fragebogen (M 22), Maßband oder Zollstock, kleine Zettel, Kindergesangbuch
	Begrüßung, Lied: »Danke für diesen guten Morgen«, (Kindergesangbuch Nr. 175)
Hinführung	Du fehlst noch, damit die Familie komplett ist! Heute möchte ich einiges über dich wissen! *L zeigt Star-Portrait* Kennst du diese Sängerin/diesen Sänger? *Schü.äußerungen*
Erarbeitung	Da steht drin, wie sie heißt, wann sie geboren ist, wie sie aussieht… So einen Fragebogen darfst du nun auch ausfüllen! *L teilt Fragebogen aus, Schü bearbeiten ihn* *Derweil misst L die Kinder mit einem Zollstock am Türrahmen und schreibt ihnen ihre Größe auf einen Zettel.* Reden, zusammenarbeiten und schauen, was die anderen machen, ist erlaubt! *Wer schon fertig ist, darf sich dazu oder einen Schmuckrand malen.* *Im Sitzkreis werden die fertigen Fragebogen betrachtet und besprochen* Magst du deinen Fragebogen vorlesen? *Weiter anknüpfen und nachfragen* *Gern mögen es die Schü, wenn auch der Fragebogen der Lehrkraft vorgelesen wird!*
Sicherung/ Gestaltung	Nun spielen wir noch ein Spiel: *L sammelt alle Fragebogen ein und liest sie vor.* *Alle raten: Wem gehört der Fragebogen?* *Oder: Alle Fragebogen werden gemischt und ausgeteilt, jedes Kind muss nun versuchen, herauszufinden, wem der Fragebogen gehört und ihn diesem Kind wieder geben.*
Schluss	*Die Fragebogen werden ins Religionsheft geklebt.* *Zusammenfassung* *Gebet* *Verabschiedung*

17. Stunde: Familienrat

LZ: 2.1.3. Gemeinschaft kann gelingen
QV: Eth 1/2.2.; D 1/2.1.3.; HSU 2.2.2., 2.4.1.; MuE 2.4.2.

Material Erzählung (M 23a) und kopiertes Arbeitsblatt (M 23b), Kindergesangbuch

Begrüßung, Lied: »Danke für diesen guten Morgen«, (Kindergesangbuch Nr. 175)

Hinführung
L: Heute möchte ich euch den »Familienrat« vorstellen.
Was könnte das sein?
Schü.äußerungen

Erarbeitung
L erzählt die Geschichte (siehe M 23a und M 23b)
Ingrid bringt die Idee mit, sich einmal in der Woche zum Familienrat zu treffen, um wichtige Dinge zu beprechen. Ihre Eltern und der Bruder machen mit, und der erste Familienrat läuft vielversprechend.
Schü.äußerungen
L: Den Zettel, den die Ingrid dabei hatte, habe ich euch mitgebracht. Bitte lest ihn durch!
Schü erhalten das Arbeitsblatt und lesen es still.
Anschließend werden die Sätze von den Kindern noch einmal laut vorgelesen.
L: Was meint ihr dazu? Ist das eine gute Idee? Kann das funktionieren?
Gespräch
Es ist gut, wenn die Familie wichtige Sachen miteinander bespricht.
Eltern und Kinder dürfen mitbestimmen.
Ein fester Tag in der Woche ist gut, sonst macht man es nie.
Jeder sollte sich die Zeit nehmen. Keiner ist müde, keiner ist hungrig, sonst klappt es nicht.
Was sind die Nachteile vom Familienrat?
Wenn es ums Geld geht, haben die Eltern das letzte Wort.
Auch bei der Bettgehzeit und der Fernsehzeit können nicht die Kinder bestimmen.

Sicherung
Rollenspiel
L: Nun spielen wir einen Familienrat. Ihr dürft eine Familie sein.
Es werden vier bis fünf Rollen verteilt, an Kinder, die sich gut ausdrücken können. Der Zettel »Familienrat« liegt in der Mitte. Gemeinsam werden Themen gesucht und auf Zettel geschrieben, z.B.: Am Sonntag will ich einen Ausflug ins Schwimmbad machen! – Ich möchte ein Meerschweinchen haben! – Mama möchte am Wochenende ihre Freundin in Heidelberg besuchen. – Papa überlegt, ob er sich ein Kanu anschaffen soll. o.a. Das Rollenspiel wird durchgeführt, L hilft, falls es zu chaotisch oder zu zäh wird.

Schluss
Zusammenfassung
Wenn du magst, kannst du den Familienrat auch deiner Familie vorstellen!
Gebet
Verabschiedung

18. Stunde: Leos Garten

LZ: 2.1.3. Gemeinschaft kann gelingen
QV: Eth 1/2.2.; D 1/2.1.3.; HSU 2.4.1.;

Material	Erzählung (M 24), Rechenblock, Kindergesangbuch
	Begrüßung, Lied: »Danke für diesen guten Morgen« (Kindergesangbuch Nr. 175)
Hinführung	L: Leider kommt in der Familie auch manchmal Trauriges vor, zum Beispiel, dass die Eltern sich trennen und scheiden lassen. *Evtl. Schüleräußerungen*
Erarbeitung	*L.erzählung (M 24)* Leo erfährt, warum Elisabet so traurig ist: Ihr Vater ist weg, er hat die Mutter verlassen. Sie mag gar nicht nach Hause gehen. Leo hat dasselbe auch mitgemacht und erzählt, wie das bei ihm war. Aber inzwischen ist alles wieder gut, die Mutter hat einen neuen, netten Freund und der hat sogar einen netten Sohn. Auch den Vater sieht er regelmäßig. Leo lädt Elisabet ein, seine Oma und ihn in seinem schönen Garten zu besuchen. Er malt ihr ein Bild. *Schü.äußerungen, Gespräch* Mag jemand erzählen? Leider kommt es vor, dass sich Eltern scheiden lassen. Aber das Wichtigste ist: Auch wenn Eltern sich streiten und trennen, die Liebe zu den Kindern bleibt. Sie ist angeboren. Wenn man sich verliebt, dann kann das auch wieder aufhören. Aber die Eltern verlieben sich ja nicht in die Kinder. Sie lieben sie von Anfang an und immer.
Sicherung/ Gestaltung	*Gestalten eines Hefteintrages* *Die Überschrift heißt: Leos Garten* L: Male ein Bild von Leos Garten! Mache es so wie er: Reiße ein Blatt aus deinem Rechenblock und male so, wie du es in der Geschichte gehört hast! *Schü gestalten Hefteintrag, L hat karierte Blätter in Reserve.*
Schluss	*Zusammenfassung* *Gebet, das auch das Thema aufgreift* *Verabschiedung*
	Anmerkung: Natürlich wird kein Kind gezwungen, sich am Gespräch zu beteiligen, auch und gerade dann nicht, wenn eine Scheidung ansteht. Doch nicht selten greifen die Kinder, besonders die Mädchen, gerne diese Gelegenheit auf, tauschen Erfahrungen aus und trösten sich so gegenseitig. – Bitte jedenfalls den Aspekt betonen: Mama und Papa haben dich beide immer noch lieb!

19. Stunde: Gott hat alles gut gemacht (2)

LZ: 2.1.2. Gott begleitet und rettet, 2.1.3. Gemeinschaft kann gelingen

Material Papier (mindestens DIN-A3), Wasserfarben, vorbereitete Textkarten (M 25), Kindergesangbuch

Begrüßung, Lied: »Danke für diesen guten Morgen«, (Kindergesangbuch Nr. 175)

Hinführung Bevor ich hier zur …-Schule gekommen bin, habe ich in der …-Schule gearbeitet. Dort habe ich mich auch sehr wohl gefühlt, und ich wollte eigentlich gar nicht weg. Ich war ganz unglücklich, als ich das hörte. Aber mein Chef hat bestimmt: Frau Bogdahn, Sie müssen in eine andere Schule gehen, denn da brauche ich jemand für den Religionsunterricht. Und, das Ende der Geschichte kennt ihr: Religion ist mein Lieblingsfach geworden.

Erarbeitung Am Ende der Geschichte von Josef und am Ende vom Lied hieß es: »Ihr habt Böses ausgedacht, Gott hat alles gut gemacht.«
Wir haben viele Geschichten gehört, von Josef und von der Familie. In den Geschichten kam Gutes vor und Schlechtes. Bei der Geschichte von Josef haben wir gehört: Auch wenn es Josef schlecht ging, war Gott bei ihm, und hat geholfen, dass es sich wieder zum Guten gewendet hat.
Gott will, dass es uns gut geht, aber auf dem Weg dorthin geht es uns vielleicht nicht immer gut.
Am Ende hat Josef gespürt, dass Gott da ist. Und ich habe das in der neuen Schule auch schnell wieder gespürt.
L legt Karten in die Mitte (M 12):
Wir spüren: Gott ist da! Wenn Menschen sich helfen. Wenn Menschen sich gut verstehen. Wenn Menschen zugeben, dass sie etwas falsch gemacht haben. Wenn Menschen sich versöhnen. Wenn Menschen in Frieden leben.
evtl. Schü.äußerungen

Sicherung/ Gestaltung L: Das ist gar nicht so leicht, das in Worten auszudrücken. Deswegen sollst du nun versuchen, diese Sätze in Farben auszudrücken. Überlege dir, welche Farben du passend findest und male dann einfach drauflos, wie du meinst. Du kannst nichts falsch machen.
Schü gestalten Gemeinschaftsbilder. Je nach Größe des Papiers arbeiten 4-6 Kinder an einem Bild, das sie ohne weitere Anleitung, aber mit Ermunterungen mit Farben füllen sollen.

Schluss *Die fertigen Bilder werden im Sitzkreis gemeinsam betrachtet und besprochen.*
Zusammenfassung und Abschluss des Themas.
Gebet, das auch das Thema aufgreift
Verabschiedung

Anmerkung: Die Hinführung ist natürlich verschieden. Haben Sie Ähnliches erlebt?
Wenn die Bilder getrocknet sind, werden die Karten aufgeklebt.

2. THEMENBEREICH
Auf Weihnachten warten – Erfüllung erleben

Lernziele

2.2. Auf Weihnachten warten – Erfüllung erleben
2.2.1. Advent – Zeit der Vorfreude
2.2.2. Weihnachten – ein Fest der Erfüllung

QV: KR 2.3., Eth 1/2.4., KuE 2.2., MuE 2.2.2., D 1/2.2.4., 1/2.3.1.

Stoffverteilungsplan für Dezember

1. Advent – Warten und Hoffen   2.2.1.
   Bräuche im Advent
   Zum Warten gehören Spannung und Freude

2. Allein fällt das Warten schwer   2.2.1.
   Viele Menschen sind einsam an Weihnachten
   Bastelaktion: Weihnachtskarten gestalten
   Maria und Elisabeth

3. Marias Weihnachtsgeschichte   2.2.2.
   Die Geschichte aus der Sicht der Maria hören
   Jesus ist in Armut geboren

4. In Armut geboren
   Viele Kinder auf der Welt werden in Armut geboren

5. Marias Geschichte geht weiter   2.2.2.
   Flucht und Rückkehr; der 12-jährige Jesus im Tempel

6. Wir feiern Weihnachten   2.2.2.
   Miterleben und Mitgestalten einer Feier

1. Stunde: Advent – Warten und Hoffen

LZ: 2.2.1. Advent – Zeit der Vorfreude
QV: KR 2.3., Eth 1/2.4.

Material	Adventskranz, schwarzes Tonpapier, das etwas kleiner geschnitten ist, damit es ins Heft passt; Kindergesangbuch Nr. 29
	In jeder Stunde im Advent werden am Anfang die Kerzen auf dem Adventskranz angezündet *Begrüßung, Lied: »Wir sagen euch an den lieben Advent«*
Hinführung	*Betrachten des Adventskranzes* Bald ist es wieder soweit... *Schü.äußerungen*
Erarbeitung	*Gespräch* Erzähle, wie ihr daheim die Adventszeit verbringt! Adventsbräuche: Plätzchen backen, Adventskranz, Adventskalender Kerzen anzünden, vorlesen, singen Die Adventszeit ist spannend, manchmal auch stressig, für die Eltern mehr als für die Kinder, aber sie ist vor allem schön! Wir warten auf Weihnachten, wir warten auf etwas sehr Schönes. L: Vor einer Weile hatte ich eine Freundin am Nachmittag zum Tee eingeladen. Ich hatte Kuchen gebacken, den Tisch gedeckt, alles vorbereitet, und dann habe ich gewartet. Sie hat sich verspätet... Kennst du das: Man wartet, freut sich schon, stellt sich vor, wie schön das wird, aber man ist auch ein bisschen ungeduldig und macht sich Sorgen: Kommt sie vielleicht nicht?... *Gespräch, Schü erzählen Erlebnisse vom Warten* Ein Spruch heißt: »Vorfreude ist die schönste Freude.« *Schü.äußerungen* Einmal habe ich mich als Kind so auf Weihnachten gefreut, denn ich habe mir einen Puppenwagen gewünscht. Den hatte ich schon im Schaufenster vom Spielwarengeschäft gesehen. So sehr habe ich mich darauf gefreut, mit dem Puppenwagen zu spielen. Dann kam endlich Weihnachten – und... es war der falsche Puppenwagen! Nicht der, den ich mir gewünscht hatte. Ich habe fürchterlich geweint... *Schü.äußerungen* *(Das ist für die Kinder unter Umständen ein wichtiges Thema, über das sie an dieser Stelle einmal sprechen können!)* L: Aber, zum Glück: Meistens ist Weihnachten so schön, wie wir es uns vorgestellt haben!
Sicherung/ Gestaltung	*Gestalten eines Hefteintrages* Male ein Bild vom Advent! Du darfst auf das schwarze Papier malen, warum? Man kann so schön die Kerzen malen! *Die Überschrift heißt:* Advent – Wir warten auf Weihnachten *Schü gestalten Hefteintrag*
Schluss	*Zusammenfassung, Gebet, Verabschiedung*

2. Stunde: Allein fällt das Warten schwer

QV: KR 2.3.2.

Material	Adventskranz, Tonpapier, Goldpapier in Quadrate 10 x 10 cm geschnitten, Bild auf Folie (M 27), Erzählung (M 29), Kindergesangbuch
	Bei Kerzenlicht: *Begrüßung, Lied: »Wir sagen euch an den lieben Advent«,* *(Kindergesangbuch Nr. 29)*
Hinführung	Bild (M 27) wird eingeblendet *Schü.äußerungen* L: Dieses Kind wartet, wartet schon ziemlich lange. Worauf könnte es warten? Wie fühlt es sich? Es sieht nicht zufrieden aus.
Erarbeitung/ *Gestaltung*	Das letzte Mal haben wir gesagt, dass Warten spannend und schön ist. Aber Warten kann auch etwas Trauriges sein, wenn man ganz allein ist. Manche Menschen sind an Weihnachten allein, und für sie ist das Weihnachtsfest sogar besonders schlimm. Weil sie wissen, dass überall Menschen zusammen feiern und sich freuen, spüren sie ihre eigene Einsamkeit noch mehr als sonst. *Schü.äußerungen* Wir basteln Weihnachtskarten, die geben wir … (z.B. der Pfarrerin/dem Pfarrer/Krankenhausseelsorger/in) und bitten, dass sie verteilt werden. So können wir vielleicht ein paar Menschen, die allein sind, eine kleine Freude machen. *L zeigt, wie die Karten gebastelt werden, z.B. werden sie mit gefalteten Sternen verziert und/oder bemalt. Doch die Kinder können selber entscheiden, was sie schreiben und wie sie die Karte gestalten.* Bestimmt freut sich jemand sehr über deine Karte! *Während die Kinder basteln, erzählt L von Maria und Elisabeth (M 29)*
Sicherung/ *Schluss*	*Die fertigen Karten werden bewundert, gelobt und eingesammelt.* *Zusammenfassung* *Gebet* *Verabschiedung*
	Anmerkung: Dieser Aspekt des Wartens ist im Lehrplan nicht vorgesehen; so kann diese Stunde gekürzt werden.

3. Stunde: Marias Weihnachtsgeschichte

LZ: 2.2.2. Weihnachten – ein Fest der Erfüllung
QV: KR 2.3.

Material	Erzählung (M 30), Weihnachtsbild als Folie, Kindergesangbuch, evtl. blaues Papier
	Bei Kerzenschein: *Begrüßung, Lied: »Wir sagen euch an den lieben Advent«,* *(Kindergesangbuch Nr. 29)*
Hinführung	*Weihnachtsbild zeigen* *Schü.äußerungen* Ihr habt diese Geschichte schon in der ersten Klasse gehört, aber ein bisschen anders, denn, so wie in der letzten Stunde, erzählt Maria, die Mutter von Jesus:
Erarbeitung/ Gestaltung	*L.erzählung (M 30):* Maria und Josef Die Weihnachtsgeschichte aus der Sicht der Maria Der weite Weg nach Betlehem Der Kaiser von Rom lässt das ganze Volk zählen Die vergebliche Herbergssuche Maria und Josef kommen in einem Stall unter Maria bekommt ihr Kind und macht sich Gedanken, was kommen wird Die Hirten kommen und erzählen von den Engeln Die drei heiligen Könige kommen *Derweil malen die Schü ein Weihnachtsbild ins Heft* *Wer nicht gerne malt, gestaltet den Stall von hinten, den Nachthimmel und den Stern, evtl. auf blauem Papier* *Überschrift: Weihnachten – Jesus wird in Armut geboren* *Gespräch* Was ist wichtig in der Weihnachtsgeschichte? Maria, so wie auch Jesus, ist Gott sehr nahe. Jesus ist etwas Besonderes. Jesus ist in Armut geboren.
Sicherung/ Schluss	*Zusammenfassung* *Gebet* *Verabschiedung*
	Anmerkung: Bitte wählen Sie als Einstieg ein Weihnachtsbild aus, das die Armut der heiligen Familie darstellt, z. B. das Bild aus der Laubi-Kinderbibel oder aus dem Religionsbuch Wegzeichen 2

4. Stunde: In Armut geboren

Material	Das Weihnachtsbild vom letzten Mal, Bild kopiert (M 28), verschiedene Weihnachtspostkarten oder Bilder (Krippendarstellungen), Kindergesangbuch
	Bei Kerzenschein *Begrüßung, Lied: »Wir sagen euch an den lieben Advent« (Kindergesangbuch Nr. 29)*
Hinführung	*Weihnachtsbild der letzten Stunde zeigen* *Schü wiederholen* Wir haben gehört: Jesus ist in Armut geboren
Erarbeitung	*L legt das Bild (M 28) und andere Weihnachts-Krippen-Bilder in den Kreis.* *Schü.äußerungen* Auf manchen Bildern schaut Maria gar nicht arm aus. Was für schöne Kleider hat sie da an. Ist das überhaupt ein Stall? Das sieht wie ein richtiges Haus aus… Dieses Bild (M 28) ist doch eigentlich gar kein Weihnachtsbild? L: Ich finde, schon irgendwie. Wie könnte ich das meinen? Es erinnert uns daran, dass Jesus in Armut geboren ist. *(Es ist spannend zu warten, ob die Kinder selbst auf diesen Gedanken kommen. Die Chancen stehen 50:50)* *Gespräch* Manchmal vergessen die Menschen, dass Jesus in Armut geboren ist. Sie feiern sehr prächtig Weihnachten und geben viel Geld aus. Sie essen so viel, dass sie hinterher jammern, sie seien zu dick… Es ist in Ordnung, wenn man Weihnachten mit schönen Geschenken und gutem Essen feiert! Aber ich nehme mir immer vor, nicht zu vergessen, dass Maria, Josef und Jesus arm waren. Und ich gebe immer auch Geld für Brot-für-die-Welt, davon habe ich euch schon erzählt. Jesus war arm und hat an die armen Menschen gedacht. Ich möchte auch an die armen Menschen denken, gerade an Weihnachten.
Sicherung/ Gestaltung	*Gestalten eines Hefteintrages* *Schü erhalten das Bild zum Einkleben* *Der Text lautet:* Warum könnte dieses Bild ein Weihnachtsbild sein? Es erinnert uns daran, dass Jesus in Armut geboren ist.
Schluss	*Zusammenfassung* *Gebet* *Verabschiedung*

Anmerkung: Auch diese Stunde steht nicht im Lehrplan.

5. Stunde: Marias Geschichte geht weiter

LZ: 2.2.2. Weihnachten – ein Fest der Erfüllung
QV: KR 2.3.

Material	Bild Tempel (M 32) kopiert und als Folie, evtl. Bildmaterial über den Tempel von Jerusalem (z. B. ausgeliehen von einer Medienstelle oder Bücherei), Erzählung (M 31), Kindergesangbuch

Bei Kerzenschein:
Begrüßung, Lied: »Wir sagen euch an den lieben Advent«,
(Kindergesangbuch Nr. 29)

Hinführung	L: Ihr seid jetzt sieben oder acht Jahre alt. Wisst ihr etwas darüber, wie Jesus gelebt hat, als er noch ein Kind war? *Schü.äußerungen* Über die Zeit, als Jesus ein Kind war, wissen wir nicht viel. Was wir wissen, das hört ihr nun:
Erarbeitung	*L.erzählung (M 31):* Marias Geschichte geht weiter Sie erzählt von der Flucht nach Ägypten und von der Suche nach dem 12-jährigen Jesus, den sie im Tempel finden, ins Gespräch vertieft mit den Schriftgelehrten. *Schü.äußerungen* *Gespräch* Dass Jesus etwas Besonderes ist, das hat sich so früh gezeigt. Maria merkt schon jetzt, dass Jesus anderen Menschen die Geschichten von Gott erklären kann, dass er von Gott erzählen kann auf eine Weise, wie es noch nie jemand vorher konnte.
Sicherung/ Gestaltung	L: Hier habe ich ein Bild für dich vom Tempel. Was weißt du über den Tempel? *Kurz wiederholen und zusammenfassen* Der Tempel stand in Jerusalem, es war Gottes Haus. Er war sehr groß und sehr wichtig. Etwas Vergleichbares gibt es bei uns gar nicht; wir haben viele Kirchen, aber nicht einen Tempel. Der Tempel von Jerusalem wurde leider schon 60 Jahre später von den Römern im Krieg völlig zerstört. *Gestalten eines Hefteintrages* *Text:* Der 12-jährige Jesus im Tempel *Schü kleben Blatt vom Tempel ein und malen Jesus dazu, evtl. Maria und Josef, Schriftgelehrte; oder auch Himmel und Sonne...* *Schü gestalten Hefteintrag*
Schluss	*Zusammenfassung* *Gebet* *Verabschiedung*

6. Stunde: Wir feiern Weihnachten

LZ: 2.2.2. Weihnachten – ein Fest der Erfüllung
QV: KR 2.3., Eth 2.4., MuB 2.1.1.

Material	je nach Verlauf, s.u. *Anmerkung: Je nachdem, ob und wie ein Weihnachts-Gottesdienst gefeiert wird, ob und wie im Klassenverband eine Weihnachtsfeier gestaltet wird, wird im Religionsunterricht die letzte Stunde vor den Ferien verschieden ablaufen. Im folgenden einige Vorschläge:*
Singen	QV MuE 2.1.1. Weihnachtliche Lieder singen, aus dem Kindergesangbuch z. B. »Wir sagen euch an den lieben Advent« (Nr. 29) oder »Seht, die gute Zeit ist nah!« (Nr. 27) oder »Zumba, zumba, welch ein Singen« (Nr. 37)
Spielen auf Instrumenten	QV MuE 2.1.2. Weihnachtslieder können auf Orffschen Instrumenten oder verschiedenen Rhythmusinstrumenten begleitet werden.
Meditation	Eine Meditation zu einem Weihnachtsbild mit passender Musik machen. Z. B. Musik von Hans-Jürgen Hufeisen: »Inmitten der Nacht« Oder auch aus dem Weihnachtsoratorium von Joh. Seb. Bach
Basteln	Gemeinsam wird Weihnachtsschmuck oder ein Weihnachtsgeschenk gebastelt, z.B. *Baumschmuck aus Salzteig* Salzteig wird aus zwei Teilen Mehl, ein Teil Salz und ca. ein Teil Wasser hergestellt. Wenn man ihn ausrollt, kann man mit Plätzchenformen Figuren ausstechen. Mit dem Bleistift vorsichtig ein Loch durchstechen und im Backofen trocknen. Evtl. später noch bemalen. *Schlüsselanhänger* Im Haushaltwarengeschäft werden Schlüsselringe besorgt, die Kinder bringen Wollreste mit. Am Ring wird ein fester Faden von ca. 10 cm Länge festgeknotet. An diesem Faden wiederum knoten die Kinder laute bunte Wollfäden (ca. 8 cm lang) fest. Das sieht hübsch aus, gelingt immer und ist nicht aufwändig.
Plätzchen essen	Die Kinder bringen Plätzchen mit, es werden einige große Teller auf dem Tisch mit Plätzchen gefüllt, jeder darf sich nehmen.
Geschichten vorlesen	Im Vorlesebuch Religion 3 sind einige schöne Geschichten zum Themenkreis Weihnachten zu finden.
Malen	Die Kinder malen, was ihnen in der Adventszeit in der Schule am besten gefallen hat.
Schluss	*Zusammenfassung* *Gebet* *Verabschiedung*

3. THEMENBEREICH
Von der Hilfe Jesu erfahren – sich auf seine Hilfe einlassen

Lernziel

2.3. Von der Hilfe Jesu erfahren – sich auf seine Hilfe einlassen
2.3.1. Jesus ermöglicht einen Neuanfang
2.3.2. Jesus hilft und heilt

QV: PL 1/2.4., KR 2.4.

Stoffverteilungsplan für Januar/Februar

1. Das Land, in dem Jesus gelebt hat
   Landkarte von Palästina kennen lernen

2. Leben in der Familie
   Vieles war früher anders

3. Die jüdische Religion
   Die Juden halten sich streng an die Gebote

4. Zachäus, armer, reicher Mann   2.3.1.

5. Zachäus ändert sich   2.3.1.

6. Menschen ändern sich   2.3.1.

7. Jesus heilt den Gelähmten   2.3.2.

8. Vor Angst wie gelähmt   2.3.2.

9. Behindert?   2.3.2.

10. Jesus heilt den Aussätzigen   2.3.2.

11. Wenn Jesus heute käme   2.3.2.

Anmerkung:
Im Lehrplan sind folgende Themen genannt:
– Jesus hilft einem Menschen, der gehörlos ist und nicht sprechen kann.
– Jesus befreit einen gelähmten Menschen von seinen Fesseln.
– Jesus begegnet einem Leprakranken und macht sein Leben heil.
Mindestens eines der drei Beispiele ist, laut Lehrplan, verbindlich.
Im vorliegenden Entwurf finden sich Unterrichtsstunden zur Heilung des Gelähmten und des Aussätzigen, nicht aber zur Heilung des Taubstummen. Denn mir scheint das die Geschichte zu sein, die von den dreien am schwersten für Kinder zugänglich gemacht werden kann.
Am Anfang der Sequenz erhalten die Kinder weitere Hintergrundinformationen über Land und Leute zur Zeit Jesu, auch über die jüdische Religion. Mir scheint das nötig zum Verständnis der Geschichten; doch es ist im Lehrplan der zweiten Klasse nicht vorgesehen.

1. Stunde: Das Land, in dem Jesus gelebt hat

Material	Karte von Palästina zur Zeit Jesu (in vielen Schulen in der Lehrmittelsammlung vorhanden, ansonsten vergrößerte und kolorierte Kopie von M 33), Blanko-Plan (M 33) als Folie und kopiert, Lückentext (M 34) kopiert, Kindergesangbuch; ggf weitere Materialien s.u.
	Begrüßung, Lied: »Hewenu Shalom«, (Kindergesangbuch Nr. 131)
Hinführung	L: Immer wieder erzähle ich euch davon, wie es früher war, als Jesus gelebt hat, weil das wichtig ist, um die Geschichten von Jesus zu verstehen. Was wisst ihr noch? *Vorwissen sammeln*
Erarbeitung	*Der Plan von Palästina zur Zeit Jesu wird betrachtet, evtl. weiteres Material (s.u.) und im gemeinsamen Gespräch erarbeitet:* Früher hieß das Land Palästina, heute heißt es Israel. Es ist heiß dort und regnet selten. Die Landschaft ist bergig und steinig. Am See Genezaret und im Jordantal ist fruchtbares Land. Palästina war nicht groß Es liegt am Mittelmeer. Das Tote Meer ist etwas Besonderes, es hat so viel Salz im Wasser, dass man nicht untergehen kann. Leider wird heute dort um das Land gekämpft, hast du das in den Nachrichten gesehen? Kennst du jemand, der schon dort war?
Sicherung/ Gestaltung	*Gestalten eines Hefteintrages* *(Anmerkung: Bild und Text dieser Stunde und der Text der folgenden Stunde passen auf eine Seite im Heft)* *L arbeitet an der Folie, die Schü im Heft:* *Die Landkarte wird vervollständigt und angemalt* *Schü ergänzen auch den Lückentext*
Schluss	*Zusammenfassung* *Gebet* *Verabschiedung*
	Weiterführung: Der geschichtliche Hintergrund ist ein ergiebiges Thema, das man noch ausbauen kann. In Medienstellen und Büchereien gibt es viel Material. Das Leben in der Familie früher ist z.B. ein interessanter Aspekt. Weiteres Material ist empfehlenswert, z. B.: Möckmühler Arbeitsbogen »Arbeit und Leben in Israel« vom Aue Verlag, 74215 Möckmühl (www.aue-verlag.de). Biblische Stätten Gestern & Heute von Jenny Roberts, Könemann Verlag.

2. Stunde: Leben in der Familie

LZ: 3.8. Juden und ihren Glauben verstehen lernen (3. Klasse)

Material	Erzählung (M 35a), Tabelle und Karten (M 35b), vergrößert und laminiert, die Karten werden ausgeschnitten; evtl. Kopien davon für die Schü.; Kindergesangbuch

Begrüßung, Lied: »Hewenu Shalom«, (Kindergesangbuch Nr. 131)

Hinführung	L: In diesem Land Palästina, von dem wir in der letzten Stunde gehört haben, lebte vielleicht eine ähnliche Familie wie diese, von der ihr heute und in der nächsten Stunde Näheres erfahrt... Es sind Mama, Papa, Tochter, Sohn – wie bei euch? *Schü.äußerungen* Einiges ist gleich wie bei euch, aber es gibt sicher auch Unterschiede.
Erarbeitung	*L.erzählung (M 35a)* Leben in der Familie Die Mutter weckt die Kinder, sie bäckt Fladenbrot auf einem heißen Stein, ist für das Haus und den Garten zuständig. Die Tochter Judith hilft der Mutter, sie holt Wasser vom Brunnen und sucht Brennholz. Der Sohn Amos geht, wie die anderen Buben, in die Schule, in die Synagoge. Der Vater ist Zimmermann. Amos wird diesen Beruf vom Vater lernen. *Schü.äußerungen, Gespräch* Was ist anders als heute? Die Aufgaben für Frauen, Männer, Mädchen, Buben waren festgelegt, man konnte sich das nicht aussuchen. Wie findet ihr das?
Sicherung	*L legt die Tabelle und die Karten auf den Tisch im Sitzkreis* *Schü. erklären den Arbeitsauftrag:* Die Karten sollen den richtigen Personen zugeordnet werden! L: Wer der Geschichte gut zugehört hat, schafft das leicht! *Schü nehmen der Reihe nach eine Karte, lesen sie vor und legen sie in die Tabelle zur entsprechenden Person.* L: Und ihr habt gut zugehört! *Anmerkung: Man könnte dieses Material auch kopieren und einen Hefteintrag gestalten lassen. Die Überschrift ist: Leben in der Familie.* *Jedes Kind schneidet die Karten aus und klebt sie in die Tabelle.*
Schluss	*Zusammenfassung* *Gebet* *Verabschiedung*

3. Stunde: Die jüdische Religion

LZ: 3.8. Juden und ihren Glauben verstehen lernen (3. Klasse)

Material	Erzählung (M 35c), Text (M 35d), evtl. konkretes Material, z.B. ein siebenarmiger Leuchter, evtl. Bildmaterial (siehe letzte Stunde: aus Bücherei oder Medienstelle), Kindergesangbuch
	Begrüßung, Lied: »Hewenu Shalom«, (Kindergesangbuch Nr. 131)
Hinführung	L: Wir sind Christen. Unsere Religion heißt Christentum. Wir heißen so, weil wir an Jesus Christus glauben. Aber Jesus selber war kein Christ, er war Jude. Auch die Familie, von der ich euch beim letzten Mal erzählt habe, war eine jüdische Familie. Heute hörst du etwas über die jüdische Religion:
Erarbeitung	*L.erzählung M 35c* Die jüdische Religion Am Abend erzählt Amos, was er in der Synagoge gelernt hat: Er weiß viel über das Reinheitsgebot und auch über das Sabbatgebot. Juden dürfen kein Schweinefleisch essen, denn für sie ist es unrein. Der Vater ärgert sich über die Römer, die das tun – und dann auch noch Steuern verlangen. Noch schlimmer sind aber die Zöllner, die mit den ungläubigen Römern zusammenarbeiten. Auch der kranke Bauer Jona gilt als unrein, aber die Mutter verteidigt ihn: Er sei kein böser Mensch. – Judith kennt den Sinn des Sabbatgebotes: Wir sollen dankbar an Gott denken und ausruhen, so wie Gott am siebten Tag der Schöpfung ausgeruht hat. Die Gebote werden von den Juden streng befolgt. *Schü.äußerungen, Gespräch* Dass die Gebote so streng befolgt werden, ist für uns heutige Menschen, für uns Christen nicht so leicht zu verstehen. Für die Juden war und ist das sehr wichtig: Je mehr man an Gott glaubt, umso strenger befolgt man die Gebote. Auf diese Weise zeigen sie, wie ernst sie es meinen, wie wichtig ihnen Gott ist.
Sicherung	*L teilt Informationstext (M 35d) aus.* Was du in der Geschichte gehört hast, ist hier in einem kurzen Sachtext zusammengefasst. Bitte lies den Text und markiere die wichtigen Wörter und Abschnitte farbig! *Schü lesen und bearbeiten den Informationstext.* *Der Text wird ins Heft geklebt; er hat unter dem Eintrag der ersten Stunde (der Landkarte von Palästina) Platz.*
Schluss	*Zusammenfassung* *Gebet* *Verabschiedung*

4. Stunde: Zachäus, armer, reicher Mann

LZ: 2.3.1. Jesus ermöglicht einen Neuanfang
QV: KR 1.2.2.

Material	Bilder (M 36a) vergrößert und klein, kopiert; verschiedenfarbige Papierschnipsel, zum Zeigen ca. 10 cm groß, für den Hefteintrag ca. 5 cm, Lied (M 37), Neukirchener Kinder-Bibel, S. 237 ff

Begrüßung

Hinführung
L: Ich bringe euch ein neues Lied bei:
Lied: »Zachäus«, Strophe 1 und 2 lernen und singen (M 37)

Erarbeitung
Das erste große Bild zeigt Zachäus, der mit verbissenem Gesichtsausdruck Zoll eintreibt. Es liegt auf einem Tisch in der Mittes des Sitzkreises, daneben die (großen) verschiedenfarbigen Papierschnipsel.
Zachäus ist unbeliebt und einsam. Die anderen sind böse auf ihn.
L: Schau dir das Bild an. Hier liegen verschiedenfarbige Papierschnipsel. Bitte suche ein Papierstück aus und lege es um das Bild herum. Nimm eine Farbe, die zu dem Bild passt.
Jeder Schü legt ein Stück Papier dazu, so dass ein Rand aus dunklen Farben entsteht.
L: Warum habt ihr die dunklen Farben genommen?
Schü: Die dunklen Farben passen zum Bild, sie drücken aus, wie Zachäus sich fühlt.
L: Nun hört die Geschichte von Zachäus!
L.erzählung aus der Neukirchener Kinderbibel, S. 237 ff
Schü.äußerungen, Gespräch
Jesus ist zu Zachäus hingegangen, obwohl alle anderen Leute ihn gehasst haben. Das hat Zachäus so gefreut, dass er sich geändert hat. Er sieht ein, dass er Unrecht getan hat.

Sicherung/ Gestaltung
L legt das zweite Bild auf den Tisch.
Schü: Jetzt ist Zachäus froh!
Jetzt passen die bunten Farben!
Schü legen einen Rand aus farbenfrohen Papierschnipseln um das zweite Bild, Schü.äußerungen
L: Du hast schon in der ersten Klasse eine Geschichte von einem Zöllner gehört;
kurze Wiederholung und Vergleich zu Levi
Jesus macht das immer wieder: Er geht gerade zu den bösen Menschen, zu denen, die keiner mag.

Schluss
Zusammenfassung
Ausblick: Beim nächsten Mal gestalten wir einen schönen Hefteintrag dazu!
Gebet
Verabschiedung

5. Stunde: Zachäus ändert sich

LZ: 2.3.1. Jesus ermöglicht einen Neuanfang
QV: KR 1.2.2.

Material	Bilder (M 36a) vergrößert und klein, kopiert; verschiedenfarbige Papierschnipsel, zum Zeigen ca. 10 cm groß, für den Hefteintrag ca. 5 cm, Hefteintrag (M 36b), Lied (M 37), kopiert
	Begrüßung, Lied: »Zachäus« (M 37)
Hinführung	*Die zwei Bilder und auch die großen bunten Papierschnipsel liegen wieder auf dem Tisch. Schü umrahmen die Bilder mit den jeweils passenden Farben und wiederholen die Geschichte von Zachäus*
Erarbeitung	Stell dir vor: Zachäus wäre vor Gericht gekommen und hätte wegen Betrugs Strafe zahlen müssen. Ob er sich dadurch auch geändert hätte? Oder die Leute, denen er zu viel Geld weggenommen hat, verprügeln ihn dafür. Hätte er sich geändert und das Geld doppelt zurückgezahlt? Wohl nicht... *Gespräch* Es ist überhaupt schwer, Menschen zu ändern, aber wenn, dann mit Freundlichkeit! Umgedreht stimmt es leider auch: Wenn ein Mensch nur schlechte Erfahrungen macht, immer geschimpft und geschlagen wird, dann wird in ihm Wut und Hass sein. Also, wenn du möchtest, dass jemand nett ist, dann musst erstmal du nett sein...
Sicherung/ Gestaltung	*Gestalten eines Hefteintrages (siehe M 36b)* *L zeigt, wie es geht:* *Zwei Seiten werden benötigt: Auf die erste Seite kommt das Lied.* *Auf der zweiten Seite gestalten die Schü den Hefteintrag (s. M 36b), indem sie um die Bilder farblich passende Papierschnipsel kleben.* *Zum ersten Bild kommt der Text:* Alle hassen den Zöllner Zachäus, denn er ist böse und betrügt; *zum zweiten Bild wird geschrieben:* Zachäus ändert sich, weil Jesus gut zu ihm ist. *Zu zweit arbeiten ist erlaubt!* *Günstig ist es, wenn eine Folie vom Hefteintrag angefertigt wird.* *Schü gestalten Hefteintrag*
Schluss	*Zusammenfassung* *Schü zeigen die fertigen Hefteinträge* *Gebet* *Verabschiedung*

6. Stunde: Menschen ändern sich

LZ: 2.3.1. Jesus ermöglicht einen Neuanfang
QV: KR 1.2.2., Eth 1/2.2., PL 1/2.3.

Material	Lied (M 37), Erzählung (M 38a), Bild Meerschweinchen (M 38b)
	Begrüßung, Lied: »Zachäus« (M 37)
Hinführung	*L legt nur die farbigen Papierschnipsel auf den Tisch* Auch heute hört ihr eine Geschichte, in der aus Wut und Boshaftigkeit Freundlichkeit und Gutes wird. Wie das kommt? Hört zu!
Erarbeitung	*L.erzählung (siehe M 38a)* Die Rettung der Meerschweinchen Im Mehrfamilienhaus wohnt über der Familie Biller Frau Lenz, die immer auf alles, und besonders auf die Kinder, schimpft. Das schaukelt sich hoch. Trotzdem malt die kleine Laura der Frau Lenz ein Bild von ihren Meerschweinchen. Am nächsten Tag ist das Wetter schön, die Meerschweinchen im Garten und Familie Biller mit den Rädern unterwegs, als sie von einem Unwetter überrascht werden. Daheim stellen sie fest, dass Frau Lenz die Meerschweinchen gerettet hat. *Schü.äußerungen* *Gespräch* Kennt ihr auch ältere Menschen, die immer über die Kinder schimpfen? (Oh ja, alle Kinder kennen solche Menschen!) Warum sind die so? Sie brauchen Ruhe, sie haben nicht mehr so gute Nerven wie eure Eltern… Vielleicht sind sie auch krank, oder sie haben Sorgen? Was kann man tun? Rücksicht nehmen, die Mittags- und Abend-Ruhezeit einhalten. Aber: Kinder müssen nicht immer mucksmäuschenstill sein! Vielleicht kann man mit ihnen reden, ihnen wie Laura eine Kleinigkeit schenken?
Sicherung/ Gestaltung	Male ein Bild, das zur Geschichte passt! Du bekommst dafür ein Bild von einem Meerschweinchen (M 38b) *Die Überschrift heißt:* Frau Lenz ändert sich, weil Laura nett zu ihr ist. *Schü gestalten Hefteintrag*
Schluss	*Zusammenfassung:* Am Anfang habe ich extra das Zachäus-Lied mit euch gesungen, warum? Wie Zachäus, so hat auch Frau Lenz sich geändert, weil jemand gut zu ihr war! *Gebet* *Verabschiedung*

7. Stunde: Jesus heilt den Gelähmten

LZ: 2.3.2. Jesus hilft und heilt
QV: KR 2.4.1.

Material	Erzählung (M 39), weiße Tapete oder etwas Ähnliches, pro Schü ein Stück ca. 15 x 15 cm, Wolle in einer Naturfarbe, festes Papier, Kindergesangbuch
	Begrüßung, Lied: »Dass ich springen darf«, (Kindergesangbuch Nr. 101)
Hinführung	*Anknüpfen an die vorige Stunde* L: Eine neue Geschichte von Jesus hört ihr heute. Um welche Menschen hat sich Jesus besonders gekümmert? Schü: Um die, die niemand anders mochte; um kranke Menschen…
Erarbeitung	*L.erzählung (M 39)* Der Gelähmte verbringt seine Zeit ohne Freude und ohne Lebensmut. Er schimpft auf Gott. Er wird von den anderen gemieden, nur ein paar Freunde versorgen ihn mit dem Nötigsten. Sie schaffen ihn zu Jesus; weil so ein Gedränge ist, lassen sie ihn durch das aufgebrochene Dach hinunter zu ihm. Jesus lässt den Gelähmten spüren, dass Gott ihn liebt. Er gibt ihm Kraft und den Mut, auf seinen eigenen Beinen zu stehen. *Schü.äußerungen* *Gespräch* Jesus war kein Zauberer. Er hat nicht mit dem Finger geschnippt und Menschen gesund gemacht. Was er geschafft hat, war einfach und schwierig zugleich: Der Gelähmte war mutlos. Er hat gedacht: Wozu sollte ich mich anstrengen? Es ist doch egal, es kümmert keinen. Auch Gott hat mich vergessen. Doch Jesus hat ihm gezeigt, dass das nicht stimmt, dass Gott auch ihn lieb hat. Kein Mensch ist Gott egal. Jesus hat dem Gelähmten Mut gemacht, dass er es selbst schaffen kann. Gottes Liebe gibt ihm Kraft.
Sicherung/ Gestaltung	*Gestalten eines Hefteintrages* *Der Text lautet:* Jesus gibt dem Gelähmten Mut, auf seinen Beinen zu stehen. L zeigt, wie es gemacht wird (siehe M 40): *Jeder Schü erhält ein Stück Tapete, das in der Mitte gefaltet wird; ein Loch wird eingerissen, das ist das Loch im Dach, von oben gesehen. Nun werden zwei Wollfäden von je ca. 20 cm abgeschnitten und aus festem Papier eine Bahre (ca. 1 x 3 cm), die in das Loch passt, geschnitten. Der Gelähmte wird auf die Bahre gemalt und die Bahre mit den »Seilen« in das Loch geklebt.* *Schü gestalten Hefteintrag*
Schluss	*Zusammenfassung, evtl. das Lied noch einmal singen* *Gebet* *Verabschiedung*

8. Stunde: Vor Angst wie gelähmt

LZ: 2.3.2. Jesus hilft und heilt
QV: KR 2.4.1., Eth 1/2.1., D 1 /2.1.3., HSU 2.2.2., MuE 2.4.2.

Material	Erzählung (M 41a), Zettel mit Regieanweisungen für ein Rollenspiel (M 41b), Kindergesangbuch
	Begrüßung, Lied: »Dass ich springen darf«, (Kindergesangbuch Nr. 101)
Hinführung	Eine Redewendung heißt: »Vor Angst wie gelähmt sein.« Weißt du, was gemeint ist? *Schü.äußerungen*
Erarbeitung	L: Ich habe das schon erlebt, und die Geschichte erzähle ich dir jetzt: *L.erzählung (siehe M 41a)* Ein Polizist beschuldigt zu Unrecht ein Kind, indem er behauptet, das Kind hätte bei Rot über die Ampel laufen wollen. Es ist nicht in der Lage, sich zu verteidigen und die Sache aufzuklären… *Schü.äußerungen: Den Kindern die Möglichkeit geben, eigene Erfahrungen zu erzählen* Manchmal ist es nicht so einfach, den Mund aufzumachen. Später fällt einem dann alles ein, was man hätte sagen können. Dann ist es zu spät. Aber das kann man üben. Wenn man es sich fest vornimmt, klappt es beim nächsten Mal bestimmt besser! *Rollenspiel* Daher möchte ich mit euch einmal wieder ein bisschen Theater spielen. Das geht so: Ihr seid zu zweit. Ein Kind hat es leicht, denn es bekommt von mir einen Zettel, auf dem steht, was es spielen soll. Aber das andere Kind spielt eben das Kind, das erst einmal vor Angst wie gelähmt ist. Es hat die schwierige Aufgabe, sich selbst die Antwort auszudenken. Wenn das Kind es geschafft hat, kann es dafür besonders stolz auf sich sein! Wir alle helfen im Notfall. – Zur Übung ist die erste Szene die, die ich an der Ampel erlebt habe. Was hätte ich dem Polizist sagen können?… *Einige Spielszenen werden gestaltet, siehe M 41b* *Gespräch* Was war gut, was ist dir schwer gefallen? Die Situation, von einem Fremden angesprochen zu werden, ist besonders wichtig: Sag nein! Geh weg! *(Falls das die Schü nicht spielen wollen, nur darüber sprechen!)* Ich wünsche dir, dass du nicht vor Angst wie gelähmt bist, wenn dir einmal wirklich so etwas passiert, sondern dass du sagen kannst, was du meinst!
Sicherung/ Gestaltung	*Falls Zeit ist, kann ein Hefteintrag gestaltet werden.* *Schü malen ein passendes Bild zum Text:* Vor Angst wie gelähmt? Nein!
Schluss	*Zusammenfassung* *Gebet* *Verabschiedung*

9. Stunde: Behindert?

LZ: 2.3.2. Jesus hilft und heilt
QV: KR 2.4.1., PL 1/2.3., Eth 1/2.2. Miteinander leben

Material
Erzählung (M 42b), Bild Schachfiguren (M 42c), evtl. kariertes Papier DIN-A4, Lineal; evtl. schwarzes Tonpapier (pro Schü 4 Streifen je 16 x 2 cm), Kindergesangbuch

Begrüßung, Lied: »Dass ich springen darf«, (Kindergesangbuch Nr. 101)

Hinführung
L: Wir singen: »Dass ich springen kann, ich danke dir...«, aber es gibt ja auch Menschen, die, wie der Gelähmte, nicht springen oder gehen können und im Rollstuhl sitzen.
Kennst du jemand, der körperbehindert ist und den Rollstuhl braucht?
Schü.äußerungen

Erarbeitung
L.erzählung (M 42b): Der Schachclub
Jonas ist begeisterter Schachspieler. Er würde gern einen Schachclub besuchen, aber der ist zu weit weg, und alleine will er nicht hingehen. Mutter hatte Jonas mehrmals vergeblich vorgeschlagen, mit Tobi, dem körperbehinderten Sohn ihrer Kollegin, Kontakt aufzunehmen. Doch nun erfährt Jonas, dass Tobi auch so gern Schach spielt. Zu zweit können sie zum Schachclub gehen.
Informationen sammeln und Gespräch:
Was gibt es für Behinderungen? Geistige und körperliche Behinderung. Körperbehinderte stehen uns beim Denken und Sprechen in nichts nach, das ist wichtig!
Woher kommt eine Behinderung? Von Geburt an, durch einen Unfall. Wie gehen wir mit Behinderten um? Behinderte sind normale Menschen, mit denen man normal reden kann! Wenn es ein Problem gibt, z. B. etwas im Supermarkt zu erreichen, biete höflich deine Hilfe an. Du brauchst dich weder wegdrehen, noch sollst du extra hinstarren; beides ist nicht angenehm für behinderte Menschen.

Sicherung/ Gestaltung
Schü malen mit Lineal ein Schachfeld: 8 mal 8 Felder, jedes Feld ist 2 cm hoch und breit; somit misst das Schachfeld 16 cm in der Höhe und Breite. Wenn man alle dunklen Felder ausmalt, dauert das lang; man kann die dunklen Felder auch aus schwarzem Tonpapier ausschneiden und aufkleben. Anschließend werden ein paar Schachfiguren (M 42c) ausgeschnitten und auf das Schachfeld geklebt.

Schluss
Zusammenfassung: Behindert? Tobi spielt genauso gerne Schach wie Jonas. Er sitzt im Rollstuhl? Egal!
Gebet, Verabschiedung

Anmerkung: Diese Stunde über den Umgang mit behinderten Menschen steht nicht ausdrücklich im Lehrplan. Mir scheint das Thema aber besonders wichtig; es könnte ausgebaut werden. Der Besuch einer Behinderten-Einrichtung wäre möglich. Das Thema begrenze ich auf Körperbehinderung, da die Kinder öfter mit Körperbehinderten Kontakt haben und es für sie einfacher ist, den unbefangenen Umgang einzuüben.

10. Stunde: Jesus heilt den Aussätzigen

LZ: 2.3.2. Jesus hilft und heilt

Material	Geschichten zur Bibel, Jesus von Nazareth, Teil 2, von Werner Laubi, S. 33, Kindergesangbuch, evtl. Material vom DAHW, Deutsches Aussätzigen-Hilfswerk e.V., Tel.: 09 31 / 5 07 84

Begrüßung, Lied: »Dass ich springen darf«, (Kindergesangbuch Nr. 101)

Hinführung	L gibt Informationen über Lepra *(nur kurz, damit die Kinder keine Angst bekommen; Bildmaterial, wenn überhaupt, nur zurückhaltend einsetzen.)* Lepra, auch Aussatz genannt, ist eine schlimme Krankheit. In Deutschland gibt es sie nicht, es gibt sie noch in armen Ländern, aber sie ist heilbar. Zur Zeit, als Jesus gelebt hat, war sie schlimm, weil es damals noch keine Medizin dagegen gab. Wer diese Krankheit bekam, durfte nicht mehr im Dorf leben; das hörst du heute in der Geschichte.
Erarbeitung	*L.erzählung nach der Erzählung von Werner Laubi, gekürzt:* Der Bauer Jona lebt glücklich mit seiner Familie in der Dorfgemeinschaft, bis er eine ansteckende Hautkrankheit bekommt. Er muss außerhalb des Dorfes leben und »unrein« rufen, sobald jemand sich nähert. Jona und seine Leidensgenossen sind abgestumpft und hoffnungslos. Bis Jesus kommt und durch seine Zuwendung Jona wieder Hoffnung gibt. Auf dem Weg zum Priester in Jerusalem verschwinden die Flecken, Jona ist gesund. Er sucht Jesus, um ihm zu danken. *Schü.äußerungen* *Gespräch* L: Was ist, wenn du krank bist? Schü: Ich bin im Bett, Mama oder Papa kümmern sich um mich, bringen mir zu essen, spielen mit mir, bringen mir etwas mit... L: Nun stell dir vor, du bist krank, müsstest raus aus dem Bett, raus aus der Wohnung, du bekommst nur Essen, wenn dir jemand etwas auf den Teller legt – Du würdest wahrscheinlich nicht so schnell gesund werden. So ist bei diesen Kranken in der Geschichte nicht allein die Krankheit schlimm, sondern, vielleicht mehr noch, dass sie ausgestoßen, allein sind. Sie haben keine Kraft, gesund zu werden, weil sie so traurig sind. Das hat Jesus getan: Er hat sich um sie gekümmert, hat die Kranken nicht ausgestoßen. Er hat sie wieder froh gemacht und ihnen die Kraft gegeben, gesund zu werden. Das war eine ganz beondere Gabe von Jesus: Er hat die Menschen die Liebe Gottes spüren lassen. Und die Liebe ist eine ganz starke Kraft. Sie kann sogar Krankheiten heilen. Krankheit ist keine Strafe Gottes!
Sicherung/ Gestaltung	*(Anmerkung: Da die Geschichte recht lang ist, reicht die Zeit für einen Hefteintrag nicht.)*
Schluss	*Zusammenfassung, Gebet, Verabschiedung*

11. Stunde: Wenn Jesus heute käme...

LZ: 2.3.2. Jesus hilft und heilt
QV: KR 2.4.1.

Material	Erzählung (M 42a), Kindergesangbuch
	Begrüßung, Lied: »Dass ich springen darf«, (Kindergesangbuch Nr. 101)
Hinführung	L: Was wäre, wenn Jesus hier und heute auf die Welt kommen würde? Was würde er sagen, was würde er tun? Was würde er gut finden und was nicht? *Schü.äußerungen*
Erarbeitung	*L.erzählung M 42a:* Wenn Jesus heute käme… Jesus kommt nach München, freut sich über die Kinder im Familiengottesdienst, tröstet eine alte, kranke Frau, setzt sich für eine türkische Familie ein und hört einem Betrunkenen zu, so dass er neuen Mut fasst. *Schü.äußerungen* Das ist keine »richtige« Jesus-Geschichte. Genau wie wir uns vorhin Gedanken gemacht haben, was Jesus hier und heute tun würde, so kommt das auch in der Geschichte vor. Kannst du dir vorstellen, dass Jesus das tatsächlich so gemacht hätte? Fallen dir noch weitere Beispiele ein, was Jesus tun würde? *Schü überlegen sich in Partnerarbeit oder zu dritt Beispiele und schreiben sie auf einen Zettel. Anschließend werden die Beiträge vorgelesen, Gespräch* *(Anmerkung: Auf diese Geschichte und diesen Gedanken lassen sich die Kinder gern ein.)*
Sicherung/ Gestaltung	*Gestalten eines Hefteintrages; wird das Gespräch länger, beginnen die Schü währenddessen mit dem Eintrag* *Text:* Wenn Jesus heute nach München (Ort der Schule) käme… *Schü schreiben eines ihrer gefundenen Beispiele auf (Querverbindung: freies Schreiben) und malen ein passendes Bild dazu.*
Schluss	*Zusammenfassung* Jesus ist, leider, hier und heute nicht da. Jesus hat diesen Satz gesagt: »Was ihr einem meiner geringsten Brüder getan habt, das habt ihr mir getan.« Was ist gemeint? *Gespräch* Wir können anderen helfen, so wie Jesus das getan hätte! Wenn wir jemand etwas Gutes tun, ist das so viel wert, als hätten wir Jesus selbst geholfen. *Gebet* *Verabschiedung*

4. THEMENBEREICH
Einsamkeit erfahren – Zuversicht gewinnen

Lernziele

2.4. Einsamkeit erfahren – Zuversicht gewinnen
2.4.1. Die Gemeinschaft ist bedroht
2.4.2. Die Gemeinschaft zerbricht
2.4.3. Die Gemeinschaft entsteht neu
2.4.4. Die Bedeutung des Kreuzes
Rückgriff auf 2.1.3.: Gemeinschaft kann gelingen

QV: KR 2.4.2., 2.4.3.

Stoffverteilungsplan für März

1. Maria Magdalena Jesus zieht in Jerusalem ein	2.4.1.
2. Das Abendmahl	2.4.1.
3. Gefangennahme und Verurteilung	2.4.2.
4. Jesus stirbt am Kreuz	2.4.2.
5. Er ist auferstanden!	2.4.3.
6. Das Kreuz	2.4.4.
7. Jesus beendet den Teufelskreis der Gewalt	2.1.3.
8. Wie können wir den Teufelskreis beenden?	2.1.3.

1. Stunde: Maria Magdalena

LZ: 2.4.1. Die Gemeinschaft ist bedroht

Material	Erzählung (M 43), Möckmühler Arbeitsbogen Nr. 7: Christ ist erstanden! (www.aue-verlag.de), Kindergesangbuch
	Begrüßung, Lied: »Jesus zieht in Jerusalem ein«, (Kindergesangbuch Nr. 57)
Hinführung	*Vorwissen sammeln* In der ersten Klasse habt ihr schon die Geschichte gehört, was in den letzten Tagen von Jesus in Jerusalem geschehen ist. *Schü.äußerungen* *Austeilen des Bildplans, Schü.äußerungen* L: In diesem Jahr erzähle ich dir die Geschichte etwas ausführlicher.
Erarbeitung	*(Anmerkung: Die Erzählung ist zum Teil frei, angelehnt an die Vorlage, und richtet sich nach dem Wissensstand der Schü)* *L.erzählung, angelehnt an M 43* Maria aus Magdala erzählt von ihrer Heilung. Sie erlebt den Einzug Jesu in Jerusalem mit. Nachdenklich hört sie, was sich manche Menschen von Jesus versprechen: Dass alles Leid und alle Not ein Ende habe. Jesus hat auch erbitterte Gegner. *Im Anschluss an die Geschichte wird das Lied noch einmal gesungen (Strophen 1–5) und szenisch dargestellt: Schü winken beim »Hosianna in der Höh!«* *Schü.äußerungen* *Gespräch* Jesus kommt nach Jerusalem, er zieht unter großem Jubel in die Stadt hinein. Warum jubeln die Leute? Viele freuen sich, Jesus zu sehen. Aber manche haben auch falsche Erwartungen. Jesus wird nicht die Römer vertreiben und er kann nicht alle Kranken der ganzen Welt heilen. Was werden die Leute sagen, wenn sie das merken? Jesus hat auch Feinde. Auch mit dem Einzug auf dem Esel zeigt Jesus wieder, dass er zu den armen Menschen gehören will. Am Sonntag vor Ostern ist Palmsonntag, an diesem Tag erinnern wir uns an den Einzug Jesu in Jerusalem.
Sicherung/ Gestaltung	*Schü malen, auch schon während der Erzählung und des Gesprächs, den Bildplan aus. Im Heft werden die entsprechenden Nummern eingetragen: Überschrift:* Die letzten Tage von Jesus 1. Jesus zieht in Jerusalem ein (Palmsonntag)
Schluss	*Zusammenfassung* *Gebet* *Verabschiedung*

2. Stunde: Das Abendmahl

LZ: 2.4.1. Die Gemeinschaft ist bedroht
QV: KR 2.4.2.

Material	Bilder vom Abendmahl (M 44), Erzählung (M 45), die Abendmahlsworte (Teil von M 45) kopiert als Klassensatz, Möckmühler Arbeitsbogen Nr. 7, Kindergesangbuch
	Begrüßung, Lied: »Jesus zieht in Jerusalem ein«, (Kindergesangbuch Nr. 57)
Hinführung	*L zeigt Bild oder Folie vom Abendmahl* *Schü.äußerungen* Hast du schon einmal einen Gottesdienst mit Abendmahl erlebt? Es werden Brot, oder stattdessen Hostien ausgeteilt und Wein oder Traubensaft. Dazu spricht die Pfarrerin oder der Pfarrer folgende Worte: *L liest Einsetzungsworte vor (siehe M 45)* Warum gehört das zum Gottesdienst? Das möchte ich euch heute erklären.
Erarbeitung	*L.erzählung (siehe M 44)* Maria trifft nach dem Passahfest den verzweifelten Petrus, der ihr erzählt: Jesus hat von seinem Tod gesprochen. Verzweifelt ist Petrus, weil Jesus den Verrat ankündigt und die Verleugnung durch Petrus. *Schü.äußerungen* *Gespräch; wenn nötig, weitere Erklärungen* Das Passahfest ist normalerweise ein frohes Fest, bei dem an die wunderbare Rettung aus Ägypten erinnert wird und die Menschen feiern und sich freuen. Davon hört ihr noch mehr in der vierten Klasse. Jesus hat auf diese Weise Abschied von den Jüngern genommen, er wollte, dass sie sich an ihn erinnern, wenn sie Brot und Wein miteinander teilen. Das heißt Abendmahl, weil sie am Abend miteinander gegessen und getrunken haben. Das Abendmahl wird oft am Ende des Gottesdienstes gefeiert, dabei werden die Worte gesprochen, die du gehört hast, die in der Bibel stehen. Maria fragt sich: Woher wusste Jesus das alles, und warum hat er es nicht verhindert? Dass Jesus wegläuft, weil er Angst hat, das kann man sich nicht vorstellen. Er ging den Weg bis zum Ende, auch wenn es schwer war.
Sicherung/ Gestaltung	*Schü malen die Bildkarte weiter aus.* *Text, entsprechend der Nummer auf dem Bildplan:* 5. Das letzte Abendmahl *Dazu den Text mit den Abendmahlsworten einkleben* *(Anmerkung: Den Schü erklären, dass nicht alle Nummern behandelt werden)*
Schluss	*Zusammenfassung* *Gebet* *Verabschiedung*

3. Stunde: Gefangennahme und Verurteilung

LZ: 2.4.2. Die Gemeinschaft zerbricht
QV: KR 2.4.2.

Material	Möckmühler Arbeitsbogen Nr. 7, Erzählung (M 46), Kindergesangbuch
	Begrüßung, Lied: »Jesus zieht in Jerusalem ein«, (Kindergesangbuch Nr. 57)
Hinführung	*Anknüpfen an die vorangegangenen Stunden* Einzug Jesu in Jerusalem Das letzte Abendmahl Maria fürchtet sich: Wie wird es weitergehen?
Erarbeitung	*L.erzählung (siehe M 46)* Jesus betet im Garten Getsemane. Judas verrät ihn mit einem Kuss. Jesus wird gefangengenommen. Der Hohepriester verhört ihn. Petrus verleugnet Jesus. Pilatus verurteilt Jesus zum Tod. *Schü.äußerungen* *Gespräch* *(Anmerkung: Es gibt nicht viel zu sagen; es passiert so viel und so Schwerwiegendes, dass die Schü mit dem Verarbeiten beschäftigt sind.)*

Sicherung/ Gestaltung	*Schü malen den Bildplan weiter aus*
	 Text:
	    6. Jesus betet im Garten Getsemane.
	    7. Judas verrät Jesus mit einem Kuss.
	    8. Jesus wird gefangen genommen und verhört.
	    9. Petrus verleugnet Jesus. Der Hahn kräht.
	  10. Pilatus verurteilt Jesus.

Schluss	*Zusammenfassung* *Gebet* *Verabschiedung*

4. Stunde: Jesus stirbt am Kreuz

LZ: 2.4.2. Die Gemeinschaft zerbricht
QV: KR 2.4.2.

Material	Musik, z. B. von Joh. Seb. Bach aus der Johannes-Passion, Wasserfarben, Papier in DIN-A5 und Unterlagen, Erzählung (M 47), Kindergesangbuch
	Begrüßung, Lied: »Jesus zieht in Jerusalem ein«, (Kindergesangbuch Nr. 57)
Hinführung	*Anknüpfen an die vorangegangenen Stunden* *Meditative Musik zur Einstimmung*
Erarbeitung	*L.erzählung (siehe M 47)* Maria erlebt mit, wie Jesus sein Kreuz tragen muss Jesus stirbt am Kreuz Maria ist untröstlich, einsam und ohne Hoffnung *Schü.äußerungen* *Gespräch* Wie fühlt sich Maria? Sie ist traurig und verzweifelt
Sicherung/ Gestaltung	L: Male mit den Wasserfarben, wie Maria sich fühlt: Suche Farben aus, die traurig und verzweifelt wirken. Fülle das ganze Blatt! *Während die Schü malen, wird die Musik wieder eingeblendet* *Auf die Unterlagen wird der Name geschrieben, die Bilder trocknen bis zur nächsten Stunde*
Schluss	*Schü kommen mit ihren Bildern in den Sitzkreis, die Bilder werden in Kreuzform auf dem Boden angeordnet; noch einmal hören wir die Musik und fühlen Marias Trauer nach* *Zusammenfassung* *Gebet* *Verabschiedung*

5. Stunde: Er ist auferstanden!

LZ: 2.4.3. Die Gemeinschaft entsteht neu
QV: KR 2.4.3.

Material	Musik, z. B. von Beethoven, 7. Symphonie, 2. Satz, bemaltes Papier aus der letzten Stunde, neues Papier in DIN-A5 und Unterlagen, Wasserfarben, Anleitung zur Gestaltung des Kreuzes (M 48), Erzählung (M 49), Kindergesangbuch
	Begrüßung (Anmerkung: Das Lied passt heute am Ende der Stunde.)
Hinführung	*Anknüpfen an die vorangegangene Stunde* *L legt die traurigen Bilder in Kreuzanordnung in den Sitzkreis, die Musik wird eingespielt* *kurze Meditation* L: Aus unserem traurigen Bild gestalten wir jeder ein Kreuz *L zeigt, wie es geht (siehe Skizze M 48) und hilft aufzeichnen* *Schü gestalten das Kreuz und kleben es ins Heft;* *Der Text dazu heißt:* Karfreitag – Jesus stirbt am Kreuz. Maria ist traurig und verzweifelt.
Erarbeitung	*L.erzählung (siehe M 49)* Jesus ist begraben worden. Maria geht zum Grab. Sie sieht zwei Engel. Jesus spricht sie an, Maria erkennt ihn. Sie spürt Freude und Hoffnung und berichtet den Jüngern. *Schü.äußerungen* *kurzes Gespräch* Wie fühlt sich Maria jetzt? Sie ist froh und zuversichtlich! (Anmerkung: Das Gespräch wird in der nächsten Stunde vertieft. Heute liegt der Schwerpunkt auf der folgenden Gestaltung.)
Sicherung/ Gestaltung	*L zeigt Wasserfarben und Papier* L: Wir malen wieder, wie Maria sich fühlt. Wähle Farben aus, die die Freude Marias ausdrücken. *Schü gestalten farben-frohes Bild* *Die Namen werden wieder auf die Unterlagen geschrieben*
Schluss	*Schü legen die Bilder auf den Boden im Sitzkreis* L: Auch ein Lied drückt Marias Freude aus: Gemeinsam singen: »Er ist erstanden, Halleluja!«, (Kindergesangbuch Nr. 66) *Gebet* *Verabschiedung*

6. Stunde: Das Kreuz

LZ: 2.4.4. Die Bedeutung des Kreuzes

Material	Das buntbemalte Blatt der letzten Stunde, Lied (M 26), Karten (M 50): die zusammengehörenden Fragen/Antworten werden jeweils auf gleichfarbiges Papier aufgeklebt.
	Begrüßung, Lied: »Oster-Ruf«, (M 26; Memorierstoff)
Hinführung	*L legt die bunten Bilder in Kreuzform auf den Boden im Sitzkreis* L: Es ist wieder ein Kreuz, aber es sieht anders aus! *Schü.äußerungen*
Erarbeitung	*L teilt Karten aus* Als Maria zu den Jüngern kam, haben die Jünger viel gefragt. Was sie gefragt haben könnten und was Maria geantwortet hat, das steht auf diesen Karten. Die Farben sagen dir, welche Karten zusammengehören: Immer zwei Karten haben dieselbe Farbe. Suche das Kind mit der passenden Karte und setzt euch zusammen in den Sitzkreis! *Schü zeigen sich die Karten und suchen die/den Partner/in* *Schü lesen die Fragen und Antworten vor* *Schü.äußerungen, Gespräch* Als Jesus gestorben war, hat Maria gedacht: Jetzt ist alles zu Ende! Alles, was Jesus gesagt hat, ist nicht mehr gültig; was er getan hat, ist nutzlos. Alles ist vorbei. Aber nun ist es anders: In der Bibel steht: Maria hat Jesus gesehen und ihn zuerst nicht erkannt, bis er sie mit ihrem Namen angesprochen hat. Doch dann hat sie mit einem Mal im Herzen gespürt, dass Jesus immer noch bei ihr ist. Dass eben doch das noch gilt, was Jesus gesagt hat; dass das, was er getan hat, immer noch wirkt. Jesus ist stärker als der Tod, weil wir das Gute, das er getan hat, nie vergessen werden. Er lebt in unseren Herzen weiter, wenn wir an ihn denken. Das ist, was die Auferstehungsgeschichte uns sagen will. Hier liegt das bunte Kreuz. Es ist noch ein Kreuz und erinnert uns daran, dass Jesus leiden musste und gestorben ist. Doch die Farben erinnern uns auch an die Freude und die Hoffnung, die Maria spürt. Erst war sie einsam, doch dann freut sie sich gemeinsam mit den Jüngern. Das ist das wichtigste an der Ostergeschichte!
Sicherung/ Gestaltung	*Gestalten eines Hefteintrages;* *L zeigt, wie es geht: Wieder wird aus dem bemalten Papier ein Kreuz geschnitten, siehe Anleitung M 48, und ins Heft geklebt.* *Der Text lautet:* Ostern – Maria spürt: Jesus lebt in uns weiter. Darüber freuen wir uns!
Schluss	*Zusammenfassung, Gebet, Verabschiedung*

7. Stunde: Jesus beendet den Teufelskreis der Gewalt

LZ: 2.1.3. Gemeinschaft kann gelingen

Material	Drei »Teufelskreise« geschlossen und offen (M 51), einmal groß und klein als Klassensatz, Erzählung (M 52a), Kindergesangbuch
	Begrüßung, Lied: »Herr, gib uns deinen Frieden« (Kindergesangbuch Nr. 125)
Hinführung	*L zeigt Bild vom Teufelskreis der Gewalt (M 51), spontane Schü.äußerungen* *L.erzählung M 52a: Der Verweis, Schü.äußerungen*
Erarbeitung	*Gespräch* L: Das ist ein Teufelskreis der Gewalt. Man nennt etwas Teufelskreis, wenn etwas Schlechtes immer wieder weitergeht, wie in der Geschichte mit Thomas und Luca: Die Gewalt hört nicht auf. Hast du das auch schon erlebt? Erzähle! *Schü.äußerungen* L: Und wenn ich streitenden Kindern im Schulhof sage: »Hört auf zu schlagen!«, was sagen die dann immer? Schü: »Der hat angefangen!« L: Immer sagen sie das! Und dann geht der Teufelskreis weiter. Das ist irgendwie normal, dass man zurückschimpft. Aber: Ist das gut so? Ist das richtig? Was würde Jesus dazu sagen? Jesus würde mit dem Streit aufhören! Und wie? Er wehrt sich nicht, obwohl ihm Unrecht getan wird. Er lässt sich gefangen nehmen. Stell dir das einmal vor: Die Soldaten kommen, Jesus und die Jünger sind schwer bewaffnet und kämpfen. Die Soldaten haben doch angefangen? Nein! So war Jesus nicht! Es passt nicht dazu! Er war friedlich! *L zeigt zweites Bild: Der Teufelskreis ist beendet* Jesus beendet den Teufelskreis der Gewalt. Er wehrt sich nicht, er schlägt nicht zurück, als die Soldaten ihn schlagen. So macht Jesus das. Und so hört die Gewalt auf. Jesus hat einmal gesagt: »Wenn dich jemand auf die rechte Backe schlägt, dann halte ihm auch die linke hin.« *Schü.äußerungen*
Sicherung/ Gestaltung	*Gestalten eines Hefteintrages, L an Tafel oder Folie:* *Überschrift:* Jesus beendet den Teufelskreis der Gewalt *(erstes Bild: Teufelskreis)* Einer haut, der andere haut zurück. Der Streit hört nicht auf. *(zweites Bild: Der Teufelskreis ist durchbrochen)* Jesus wehrt sich nicht, obwohl ihm Unrecht getan wird. Die Gewalt hört auf. *Schü gestalten Hefteintrag*
Schluss	*Gebet, evtl. noch einmal den Friedenskanon singen* *Verabschiedung*

8. Stunde: Wie können wir den Teufelskreis beenden?

LZ: 2.1.3. Gemeinschaft kann gelingen
QV: KR 2.2.3., Eth 1/2.2., PL 1/2.3., HSU 2.2.2., 2.4.1., D 1/2.1.3.,
1/2.4.1., MuE 2.4.2.

Material	Drei »Teufelskreise« geschlossen und offen (M 51), einmal groß und klein als Klassensatz (siehe vorige Stunde), Erzählung (M 52b), für den Hefteintrag (M 52c) pro Schü ein Streifen blaues Transparentpapier ca. 3 x 20 cm und ein Streifen oranges Tonpapier, ca. 3 x 10 cm, Kindergesangbuch
	Begrüßung, Lied: »Herr, gib uns deinen Frieden« (Kindergesangbuch Nr. 125)
Hinführung	*Der Teufelskreis und der durchbrochene Teufelkreis liegen im Sitzkreis Jesus hat den Teufelskreis beendet, weil er sich nicht gewehrt hat*
Erarbeitung	*L.erzählung (M 52b):* Die Brücke
Schü.äußerungen
Wie haben Thomas und Luca es geschafft, sich zu versöhnen? Sie haben die Brücke gebaut; Luca will der Lehrerin sagen, dass es seine Schuld war… Das ist gut, dass Luca seinen Fehler zugibt.
Wie können wir einen Teufelskreis beenden?
Im Rollenspiel werden Möglichkeiten der Versöhnung gefunden, z.B.:
Streit um ein Spielzeug, Kinder spielen gemeinsam oder nacheinander
Nachgeben, »Na gut« sagen, Hand reichen, sagen: »Komm, wir hören auf«, sich entschuldigen, es wieder gut machen
(Anmerkung: Die Schü sollten hier aktiv sein. L sollte Vorschläge in der Rückhand haben.) Zusammenfassendes Gespräch
Sicherung/ Gestaltung	*Gestalten eines Hefteintrages:*
Durchbrochenen Teufelskreis einkleben;
Text: Wie können wir den Teufelskreis beenden?
Ich gebe nach. Ich entschuldige mich. Ich schlage nicht zurück…
(Gemeinsam werden, je nach Verlauf des Rollenspiels, Sätze gefunden. Die Schü wählen zwei davon für den Hefteintrag aus.)
Dazu ein Bild von der Geschichte gestalten (siehe M 52c)
Rechts und links stehen die Buben am Rand der Pfütze. Dann werden Ziegelsteine aus dem orangen Tonpapier geschnitten und aufgeklebt, darüber der abgeschrägte Streifen blaues Transparentpapier als Wasser.
Schluss	*Weiterführung:* L: »Wenn dich jemand auf die rechte Backe schlägt, dann halte ihm auch die linke hin…« Das ist sehr viel, was Jesus da verlangt: Sich nicht zu wehren. Manchmal musst du dich auch wehren! Aber es wäre schön, wenn du manchmal beim Streiten kurz überlegst: Ist das ein Teufelskreis? Kann ich den Teufelskreis beenden? Einen Streit zu beenden, ist nämlich ein schönes Gefühl. Ich wünsche dir, dass es dir gelingt.
Gebet, Friedenskanon, Verabschiedung

5. THEMENBEREICH
Bewahrende Ordnungen in der Schöpfung entdecken

Lernziele

2.5. Bewahrende Ordnungen in der Schöpfung entdecken
2.5.1. Rhythmen und Ordnungen in der Schöpfung
2.5.2. Die Noah-Geschichte
2.5.3. Die Bedeutung des Regenbogens
2.5.4. Bedrohung und Bewahrung

QV: PL 1/2.2., KR 2.6., Eth 1/2.3., HSU 2.5.1.

Stoffverteilungs-plan für April/Mai

1. Der ewige Kreis der Natur	2.5.1.
2. Immer das Gleiche	2.5.1.
3. Alles in Ordnung?	2.5.4.
4. Noah baut die Arche	2.5.2.
5. Noah wird gerettet	2.5.2.
6. Beschützt in der Arche	2.5.4.
7. Der Regenbogen	2.5.3.
8. Nach dem Regen kommt die Sonne	2.5.3., 2.5.4.

Schulgottesdienst

1. Stunde: Der ewige Kreis der Natur

LZ: 2.5.1. Rhythmen und Ordnungen in der Schöpfung
QV: KR 2.6., HSU 2.5.1., Eth 1/2.3.

Material	Passende Natur-Bilder oder Fotos, evtl. Musik: »Der ewige Kreis« aus dem Film »König der Löwen«, Kindergesangbuch
	Begrüßung, Lied: »Er hält die ganze Welt«, (Kindergesangbuch Nr. 143)
Hinführung	*Im Sitzkreis liegen Bilder, z.B. von Sonnenaufgang und Sonnenuntergang, eine blühende und eine verwelkte Blume, Tag und Nacht, Sommer und Winter, ein kleines und ein erwachsenes Tier, Sonne und Regen usw Dazu Musik aus »König der Löwen« (deutscher Text!): »Der ewige Kreis« Schü.äußerungen*
Erarbeitung	*Gespräch mit pantomimischer Darstellung* Was ist in der Natur immer wieder gleich? Nach dem Regen kommt die Sonne *(mit den Fingern den Regen darstellen und mit den Armen die Sonne; auch alles Weitere wird mit Bewegungen dargestellt)* Eine Blume wächst, wird größer, blüht und verwelkt am Ende. Im nächsten Jahr kommt eine neue Blume Die Sonne geht auf und wieder unter Nach jedem Tag kommt die Nacht, und dann wieder der Tag… L: Es ist gut, dass die Natur eine Ordnung hat. Du kannst dich darauf verlassen. Wir könnten gar nicht leben, wenn es immer Tag wäre und nie Nacht.
Sicherung/ Gestaltung	L: Du hast heute viel Zeit, um ein schönes Bild zu malen! *Gestalten eines Hefteintrages* *Überschrift:* Das ist in der Natur immer wieder gleich *Schü malen ein passendes Bild; was und wie sie malen, ist ihnen freigestellt*
Schluss	*Gemeinsam werden die Hefteinträge bewundert* *Gebet: Ausdrücken von Freude und Dank darüber, wie gut in der Schöpfung alles eingerichtet ist* *Verabschiedung*
	Anmerkung: *Passendes Bildmaterial kann man in Medienstellen finden, selber fotografieren oder malen.* *Die Filmmusik von »König der Löwen« ist in Büchereien zu bekommen.* *Alternative: Die Schü malen diesen Eintrag ins Heft sehr gern. Es wäre aber auch ein Partner- oder Gemeinschaftsbild möglich.* *Oder: Jeder Schü erhält zwei Quadrate aus festem Papier und malt zwei passende Bilder darauf, z. B. Tag und Nacht – so entsteht ein Memory-Spiel. Es passt auch sehr gut das Lied: »Vom Aufgang der Sonne«, (Kindergesangbuch Nr. 169)*

2. Stunde: Immer das Gleiche

LZ: 2.5.1. Rhythmen und Ordnungen in der Schöpfung
QV: KR 2.6., Eth 1/2.3.

Material	L bringt zum Thema passenden Gegenstand mit, z. B. Weihnachtsglocke, Kindergesangbuch
	Begrüßung, Lied: »Er hält die ganze Welt«, (Kindergesangbuch Nr. 143)
Hinführung	L: Da hab ich euch unsere Weihnachtsglocke mitgebracht. Bei uns ist es immer das Gleiche an Weihnachten: Am Morgen schmückt meine Familie den Weihnachtsbaum, am Nachmittag gehen wir in den Gottesdienst, dann kommen Opa und Oma, und die Kinder verschwinden in ihrem Zimmer, wo sie einen Legoturm bauen. Endlich kommt der große Augenblick, diese Glocke läutet und der Heilige Abend beginnt... *(Anmerkung: Bitte den Einstieg abwandeln und Entsprechendes von Ihnen erzählen)*
Erarbeitung	Was ist in deinem Leben immer gleich? *Schü erzählen z .B. von Weihnachten, vom Geburtstag* Vielleicht fahrt ihr in den Ferien immer an den gleichen Ort? Auch an jedem Tag und in jeder Woche ist immer etwas gleich: Jeden Montag haben wir in der fünften Stunde Religion Jeden Morgen wirst du geweckt und magst nicht aufstehen, jeden Abend sollst du ins Bett gehen und willst nicht... Stimmt's? *Es gibt viel zu erzählen* L: An Silvester machen wir immer Fondue. Einmal waren wir eingeladen und sind dort hin gegangen. Da waren die Kinder sauer. »Ohne Fondue ist Silvester nicht richtig Silvester!«, fanden sie... *(abwandeln, s.o.)* Kennst du das auch? Dass man ganz aus dem Tritt kommt, wenn etwas anders ist als gewohnt? L: In unserem Leben ist es gut, dass vieles immer gleich ist. Wir könnten nicht leben, wenn jeden Tag etwas Neues passieren würde. *Schü.äußerungen*
Sicherung/ Gestaltung	*Gestalten eines Hefteintrages Schü malen ein Bild, jedes Kind so, wie es möchte Überschrift: Das ist in meinem Leben immer gleich*
Schluss	L: »Menschen sind Gewohnheitstiere«, heißt ein Spruch. Menschen brauchen etwas, was immer gleich ist. Aber: Einmal waren wir wieder an Silvester eingeladen, und zwar auf einer Hütte in den Bergen mit zwei Meter Schnee. Da gab es auch kein Fondue, aber den Kindern hat es trotzdem sehr gut gefallen. Wenn sie gesagt hätten: »Nein, wir wollen unbedingt Fondue, wie immer!«, dann hätten sie ein schönes Erlebnis verpasst! *Schü.äußerungen Gebet Verabschiedung*

3. Stunde: Alles in Ordnung?

LZ: 2.5.4. Bedrohung und Bewahrung
QV: Eth 1/2.2.

Material	Erzählung (M 53), Kindergesangbuch
	Begrüßung, Lied: »Er hält die ganze Welt«, (Kindergesangbuch Nr. 143)
Hinführung	L: Ist alles in Ordnung bei euch? – Schü: Klar! Diese Redewendung passt eigentlich gut zu unserer letzten Stunde. *Anknüpfen an die letzte Stunde* Dass nicht mehr alles in Ordnung ist, davon handelt die Geschichte.
Erarbeitung	*L.erzählung (M 53):* Sonntagnachmittag Silvia ist verzweifelt: Ihr Vater hat ihre Mutter und sie verlassen. Der Sonntagnachmittag mit dem Papa war bis dahin ihr Lieblingstag gewesen, doch jetzt ist nichts mehr in Ordnung. Ein paar Wochen später meldet sich Papa aber wieder und will die Sonntagnachmittage wieder mit Silvia verbringen. *Schü.äußerungen, Gespräch* Für das Kind ist es schlimm, dass der Papa weggegangen ist. Es erinnert sich an die Zeit, in der alles in Ordnung war. Zum Glück meldet sich der Vater wieder und das Kind kann ihn treffen. Wenn die Eltern noch zusammen sind, sich aber oft streiten, ist das auch schlimm für die Kinder. Das ist dumm: Die Kinder können gar nichts dafür, dass die Eltern streiten, aber sie müssen es ertragen. Aber den Eltern tut das auch bestimmt sehr Leid. Sie bemühen sich sicher, nicht zu viel vor den Kindern zu streiten, weil sie wissen, dass die Kinder das hassen. Streit ist normal, Streit muss manchmal sein. Danach sollte dann aber wieder Schluss sein. Leider ist es manchmal so, dass der Streit sehr weit geht und die Eltern so verschiedene Vorstellungen haben, dass sie sich nicht mehr einigen können. Was ist deine Meinung: Findest du es besser, wenn die Eltern zusammen bleiben, auch wenn sie sich nicht mehr gut verstehen, oder ist es besser, sich zu trennen?
Sicherung/ Gestaltung	*Gestalten eines Hefteintrages, Schü malen passendes Bild* *Überschrift:* Alles in Ordnung? *Alternative:* Schü beschreiben ihren Lieblingstag
Schluss	*Zusammenfassung* *Gebet* *Verabschiedung*

Anmerkung: Wieder muss das Gespräch vorsichtig geführt werden; manche der betroffenen Kinder sind froh, darüber sprechen zu können, andere wollen es überhaupt nicht.

4. Stunde: Noah baut die Arche

LZ: 2.5.2. Die Noah-Geschichte
QV: KR 2.6.2., HSU 2.7.1.: Wasser und Leben

Material	Bilder oder Musik mit Regen oder Wasser, Neukirchener Kinder-Bibel S. 20 f, Wasserfarben, Papier DIN-A1, Unterlagen, Kindergesangbuch
	Begrüßung, Lied: »Es ist noch Platz in der Arche«, (Kindergesangbuch Nr. 159)
Hinführung	*Wasser-Bild oder Wasser-Musik* Wasser ist lebenswichtig Wasser kann aber auch Schaden anrichten. *Schü.äußerungen (Kurz halten, sonst verlieren sich die Schü in Katastrophenberichten)*
Erarbeitung	Auch in der Bibel steht eine sehr alte Geschichte von einer großen Überschwemmung: *L.erzählung aus der Neukirchener Kinder-Bibel bis zum Regen (S. 21 oben):* Die Noah-Geschichte *Schü.äußerungen, Gespräch* Ein Glück, dass Noahs Familie und die Tiere gerettet wurden! *(Anmerkung: Oft tauchen bei den Kindern Fragen folgender Art auf:* *»Was war mit den Fischen und Vögeln, mit den Käfern und Ameisen? Warum hat Gott auch die Tiere vernichtet, die waren doch nicht böse? War die ganze Welt überschwemmt?...* *Ich sage den Kindern ganz deutlich, dass die Noah-Geschichte keine Geschichte ist, die genau so passiert ist!)* Da war wohl eine große Flut, aber es sind sicher nicht alle anderen Tiere und Menschen auf der Welt umgekommen. Das Wichtigste an der Geschichte ist das: Gott schützt Noah!
Sicherung/ Gestaltung	*Gestalten eines Wasserbildes mit Wasserfarben* *L zeigt, wie es gemacht wird: Ein DIN-A4-Blatt wird erst mit klarem Wasser bepinselt und dann mit Farben angemalt, die zum Wasser passen: blau, ein bisschen lila und grün. Wenn die Farben auf dem nassen Papier ineinander laufen, sieht das schön aus!* *Schü schreiben den Namen auf die Rückseite und malen das Wasserbild. Das Bild trocknet bis zur nächsten Stunde. Wer fertig ist, malt an einem großen Wasserbild auf dem DIN-A1-Papier mit.*
Schluss	*Die Bilder werden betrachtet, Zusammenfassung* *Gebet* *Verabschiedung*
	Anmerkung: Das Thema: »Wasser ist lebenswichtig« steht genau so im HSU-Lehrplan; Absprache mit der Lehrkraft!

5. Stunde: Noah wird gerettet

LZ: 2.5.2. Die Noah-Geschichte
QV: KR 2.6.2.

Material	Die Wasserbilder vom letzten Mal, eine größere gemalte Arche (s. M 54, auf DIN-A3 gemalt und ausgeschnitten), Neukirchener Kinderbibel, Hefteintrag (M 54), Kindergesangbuch
	Begrüßung, Lied: »Es ist noch Platz in der Arche«, (Kindergesangbuch Nr. 159)
Hinführung	*Im Sitzkreis liegt das große Wasserbild der letzten Stunde, oben »schwimmt« die Arche* *Schü wiederholen Noah-Geschichte*
Erarbeitung	Das Ende der Geschichte fehlt noch: *L.erzählung aus der Neukirchener Kinder-Bibel (S. 21 oben bis S. 23)* 40 Tage lang regnete es. Es regnete und regnete und hörte nicht mehr auf. Alles wurde überschwemmt, nur die Arche schwamm auf dem Wasser. Als es endlich zu regnen aufhörte, dauerte es immer noch lange, bis das Wasser endlich wieder zu sinken begann. Noah schickte eine Taube los, aber sie kehrte nach einer Weile zurück. Sieben Tage später ließ er sie wieder fliegen, da brachte sie einen Zweig. Nun wusste Noah, dass wieder Pflanzen wuchsen. Er wartete aber noch einmal sieben Tage, bis er die Taube ein drittes Mal aussandte. Sie kam nicht mehr zurück. Nun konnten alle die Arche verlassen. Ein großer Regenbogen stand am Himmel. Noah baute einen Altar und dankte Gott für die Rettung, und Gott sprach: »Ich schließe einen Bund mit euch. Nie mehr werde ich euch vernichten. Der Regenbogen ist das Zeichen für den Bund zwischen mir und den Menschen. So lange die Erde besteht, sollen nicht aufhören Saat und Ernte, Kälte und Hitze, Sommer und Winter, Tag und Nacht.« *Schü.äußerungen, Gespräch*
Sicherung/ Gestaltung	*Gestalten eines Hefteintrages (siehe M 54)* *L zeigt, wie es geht:* *Überschrift:* Noah in der Arche *Erst wird eine Arche auf das obere Drittel der Heftseite gemalt. Nun wird das Wasserbild aufgeklebt, so dass die Arche noch herausschaut. Das sieht noch echter aus, wenn eine Wellenlinie geschnitten wird. Das restliche Wasserbild, das unten übersteht, wird abgeschnitten.*
Schluss	*Die fertigen Bilder werden bewundert* *Zusammenfassung* *Gebet* *Verabschiedung*

6. Stunde: Beschützt in der Arche

LZ: 2.5.4. Bedrohung und Bewahrung
QV: KR 2.6.3., VkE: Verkehrserziehung

Material	Das große Wasserbild (s. 4. Std.), Arche (s. 5. Std.); Zettel dazu, am besten verschiedenfarbig in braun und blau; Wortkarten mit den Begriffen: Arche, Flut, Schutz, Gefahr, Sicherheit, Angst; Kindergesangbuch
	Begrüßung, Lied: »Es ist noch Platz in der Arche«, (Kindergesangbuch Nr. 159)
Hinführung	*Das große Bild der Arche auf dem Wasser liegt in der Mitte* *L legt gemischt die Wortkarten dazu* *Schü ordnen zu und legen die Karten entsprechend:* Die Arche bedeutet Sicherheit und Schutz Die Flut drückt Gefahr und Angst aus
Erarbeitung	L: In der Geschichte von Noah bietet die Arche Schutz vor der gefährlichen Flut. Auch in unserem Leben gibt es Sachen, die gefährlich sind und dir Angst machen, und es gibt, zum Glück, auch etwas wie die Arche, wenn du dich beschützt und sicher fühlst. *kurz Beispiele sammeln* Meine Mama beschützt mich. Im Straßenverkehr ist es gefährlich. Die Schulweghelfer passen auf, dass nichts passiert... *Schü überlegen sich Beispiele und schreiben sie auf. Auf braune Zettel wird geschrieben, wer sie beschützt, auf blaue Zettel, was ihnen Angst macht. L geht herum und nimmt Anteil.* Die Familie ist wie eine Arche. Daheim im Bett fühle ich mich sicher. Manchmal habe ich Angst, dass ein Krieg kommt.
Sicherung/ Gestaltung	*Die Zettel werden angeheftet:* In der Arche steht alles, was uns beschützt Auf das Wasser kleben wir alles, was uns bedroht, wo wir uns nicht wohl fühlen *Die Zettel werden gemeinsam gelesen und besprochen* *Falls es fehlt, hinzufügen:* Gott beschützt uns. Manchmal gibt es im Leben schwierige Zeiten, das ist wie Sturm und Überschwemmung. Man kommt sich fast vor, als ob man ertrinkt. Aber Gott ist wie eine Arche: Er ist bei uns, trägt uns, damit wir nicht untergehen.
Schluss	*Zusammenfassung* *passendes Gebet* *Verabschiedung*

7. Stunde: Der Regenbogen

LZ: 2.5.3. Die Bedeutung des Regenbogens
QV: KR 2.6.2.

Material	Bild oder Foto von einem Regenbogen, wasserlösliche Farbstifte (zu erkennen an einem Pinselsymbol oder dem Wort »Aquarell«) oder wasserlösliche Wachsmalkreiden, Pinsel und Wasserbecher, Kindergesangbuch
	Begrüßung, Lied: »Unter Gottes Regenbogen«, (Kindergesangbuch Nr. 162)
Hinführung	*L zeigt Bild von einem Regenbogen* Ein Regenbogen ist schön! Es sieht aus, als ob er von der Erde bis zum Himmel reicht. Der Regenbogen am Ende der Noah-Geschichte ist das Zeichen eines Bundes zwischen Gott und den Menschen
Erarbeitung	L: Gott verspricht: »So lange die Erde besteht, sollen nicht aufhören Saat und Ernte, Kälte und Hitze, Sommer und Winter, Tag und Nacht.« Gen 8,22 *(Anmerkung: Das ist Memorierstoff, daher sollte er mit den Kindern einige Male gesprochen werden, bis sie ihn auswendig können.)* *Gespräch* Vor der Noah-Geschichte haben wir uns Gedanken gemacht über Ordnungen in der Natur und in unserem Leben. Dieser Gedanke taucht in diesem Bibelwort wieder auf: Die Ordnung in der Natur ist gut, Gott hat das so gewollt. Wir Menschen können uns darauf verlassen.
Sicherung/ Gestaltung	*Gestalten eines Hefteintrages* *L schreibt an der Tafel, Schü im Heft, alle schreiben schön!* *Der Bibelspruch wird abgeschrieben, verteilt auf sieben Zeilen, ca. in der fünften Zeile links beginnen:* Gottes Versprechen: So lange die Erde besteht, sollen nicht aufhören Saat und Ernte, Kälte und Hitze, Sommer und Winter, Tag und Nacht. *Darüber und rechts daneben wird ein Regenbogen gemalt, L zeigt, wie es geht:* *Schü holen sich immer einen wasserlöslichen Stift, es wird getauscht* *Sie malen den Regenbogen.* *Anschließend wird mit einem nassen Pinsel sachte darübergemalt, bis die Farbe verschwimmt. Nicht quer von einer Farbe zur nächsten, sondern immer in Richtung des Bogens. Zwischendurch den Pinsel ausspülen. – Das schaut sehr schön aus!*
Schluss	*Die gemalten Regenbogen-Einträge werden bewundert* *Zusammenfassung* *Gebet* *Verabschiedung*

8. Stunde: Nach dem Regen kommt die Sonne

LZ: 2.5.3. Die Bedeutung des Regenbogens

Material	Bild oder Foto vom Regenbogen, Erzählung (M 55), Kindergesangbuch
	Begrüßung, Lied: »Unter Gottes Regenbogen«, *(Kindergesangbuch Nr. 162)*
Hinführung	*L zeigt wieder Bild oder Foto von einem Regenbogen* *Anknüpfen an die vorangegangene Stunde,* *auch gemeinsames Wiederholen des Memorierstoffes* L: Heute hörst du noch eine Regenbogengeschichte
Erarbeitung	*L.erzählung (M 55):* Sina und der Regenbogen Sina ist traurig; alles geht schief: Sie hat eine schlechte Note, Ärger mit dem Freund und die Eltern streiten auch. Außerdem regnet es. Im Gespräch mit dem Opa fasst Sina wieder Mut und erkennt: Es geht auch wieder aufwärts, sie kann auch etwas dazu tun Da kündigt der Regenbogen an, dass bald wieder die Sonne scheint. *Schü.äußerungen* *Gespräch* Kennst du das? Dass alles schief läuft? Kannst du nachfühlen, wie Sina zumute ist? Was machst du, wenn du Misserfolge erlebst? Hast du ein bisschen Angst vor den Noten in der dritten Klasse? *(Je nachdem, wie viel von den Schü kommt, Zeit nehmen für das Gespräch)* L: Bitte: Verzweifle nicht, wenn es dir schlecht geht. Es wird in deinem Leben sicher auch einiges schiefgehen; das kann gar nicht sein, dass du immer nur Glück hast. Denke daran: Nach dem Regen kommt wieder die Sonne…
Sicherung/ *Gestaltung*	*Gestalten eines Hefteintrages* *Schü malen passendes Bild zu der Geschichte* *Überschrift:* Nach dem Regen kommt die Sonne
Schluss	*Zusammenfassung* *Gebet, passend zur Stunde:* Lieber Gott, ich weiß, dass du immer bei mir bist, auch wenn es mir schlecht geht. Bitte gib mir die Kraft, es durchzustehen, wenn ich Probleme habe. *Verabschiedung*

6. THEMENBEREICH
Mit Geschichten der Bibel leben – aus Geschichten der Bibel lernen

Lernziele

2.6. Mit Geschichten der Bibel leben –
aus Geschichten der Bibel lernen
2.6.1. Geschichten regen zum Nachdenken an
2.6.2. Geschichten fordern heraus

QV: KR (3. Klasse), Eth 1 /2.2., PL 1 /2.4.

Stoffverteilungsplan für Mai

1. Der barmherzige Samariter	2.6.1.
2. Liebe deinen Nächsten!	2.6.1.
3. Diakonie	2.6.2.
4. Ein Interview	2.6.2.
5. ...wie dich selbst!	2.6.1.

1. Stunde: Der barmherzige Samariter

LZ: 2.6.1. Geschichten regen zum Nachdenken an
QV: (KR 3. Kl.)

Material	Erzählung (M 57), kopiertes Lied (M 56)
	Begrüßung
Hinführung	*Lied: »Der barmherzige Samariter« (M 56) lernen, Strophen 1–6 singen*
Erarbeitung	*L.erzählung (siehe M 57)*

Ein Schriftgelehrter stellt Jesus die Frage: Wie muss ich leben, damit es Gott gefällt? Jesus lässt ihn antworten, was in der Bibel steht:
»Du sollst Gott lieben von ganzem Herzen und deinen Nächsten wie dich selbst.«
Der Schriftgelehrte fragt weiter: »Aber wer ist mein Nächster?«
Jesus erzählt die Geschichte vom barmherzigen Samariter.
Anmerkung: Das Wort »barmherzig« ist den Kindern nicht geläufig, es erschließt sich aber aus der Geschichte. Ich würde es unbedingt einführen, weil »Der barmherzige Samariter« ein feststehender Ausdruck ist, den die Kinder wissen sollten.
Schü.äußerungen
Gespräch
Das ist eine sehr berühmte und sehr wichtige Geschichte von Jesus. Warum?
Alles, was Jesus gesagt und getan hat, kann man zusammenfassen in dem Satz:
Liebe deinen Nächsten wie dich selbst!
Das ist sehr einfach und sehr schwierig zugleich.
Es ist einfach, leicht zu verstehen, ganz klar, was Jesus von uns will.
Es ist schwierig, es zu tun. Aber wir sollten es immer wieder versuchen.

Sicherung/ Gestaltung	*Gestalten eines Hefteintrages*
	Überschrift: Der barmherzige Samariter
	Die Schü schreiben das wichtigste Gebot ins Heft: „Du sollst Gott lieben von ganzem Herzen und deinen Nächsten wie dich selbst."
	Dazu zeichnen sie einen Schmuckrand; kopiertes Lied dazu kleben
	Das Lied wird noch einmal, und nun mit allen Strophen, gesungen
Schluss	*Zusammenfassung*
	Gebet
	Verabschiedung

2. Stunde: Liebe deinen Nächsten!

LZ: 2.6.1. Geschichten regen zum Nachdenken an
QV: (KR 3. Kl.), Eth 1/2.2. Miteinander leben, PL 1/2.4.

Material	Bild aus dem Religionsbuch Wegzeichen 2, S. 53; Erzählung (M 58a), Rollenspielanleitung (M 58b), Kopiervorlage Sticker (M 58c), Lied (M 56)
	Begrüßung, Lied: »Der barmherzige Samariter«, (M 56)
Hinführung	*Bild aus dem Religionsbuch:* Der barmherzige Samariter Das Interessante an der Geschichte ist, dass der Samariter gar nichts von Jesus weiß. Er tut das nicht, weil er ein Gebot befolgen will. Er tut das einfach so, aus Mitgefühl.
Erarbeitung	*L.erzählung (M 57):* Die barmherzige Aylin Sie hilft Hannes, der von zwei großen Buben geärgert wird und erweist sich zu Hannes' Überraschung als mutig und schlau *Schü.äußerungen, Gespräch* In der Geschichte ist vieles ähnlich wie in der Geschichte vom Samariter. Auch Aylin hilft einfach so, weil sie sieht, dass Hannes Hilfe braucht. Hannes' Freunde verdrücken sich; das kann man schon verstehen. Sabine will Hilfe holen, das ist auch keine schlechte Idee. Zusammenhelfen ist das beste Mittel gegen Kinder, die dich ärgern. Helfen, wenn jemand Hilfe braucht, ist eine gute Sache! Erzähle Beispiele!
Sicherung/ Gestaltung	*Rollenspiel (siehe M 58)* Einige Beispiele möchte ich mit euch spielen, das geht so: *Ein Kind erhält die Regieanweisung und spielt die Situation. Es spricht dazu; alles andere, wie die Einkaufstaschen und die Kasse wird nur mit Bewegungen dargestellt.* *Die Szenen haben Aufforderungscharakter. Ohne dass es weiter besprochen wird, sollen die Schü spontan reagieren und helfen.* *Auch die Geschichte mit Aylin und Hannes könnte nachgespielt werden.* *Gespräch*
Schluss	*Zusammenfassung, Gespräch:* Ein anderes Thema ist, dass manche Menschen Hilfe nicht annehmen wollen. Sie sind zu stolz. Kennst du das? Das ist aber bei Erwachsenen häufiger als bei Kindern. Einer schleppt schwer, will sich aber nichts abnehmen lassen. Er meint, dann hält man ihn für schwach. Auch das kann und muss man lernen: Hilfe anzunehmen, oder sogar um Hilfe zu bitten; zuzugeben: Ich schaff das nicht allein, ich brauche deine Hilfe… *Gebet, Verabschiedung* *Alternative: Gern haben die Schü einen Hefteintrag dazu gestaltet, für den sie einen echten Sticker zum Aufkleben erhalten haben; sie können aber auch die kopierten Sticker (M 58c) ausmalen.*

3. Stunde: Diakonie

LZ: 2.6.2. Geschichten fordern heraus

Material	Möckmühler Arbeitsbogen »Diakonie« (www.aue-verlag.de), Lied (M 56)
	Begrüßung, Lied: »Der barmherzige Samariter«, (M 56)
Hinführung	*Anknüpfen an die vorangegangenen Stunden* *Bildkarten austeilen, spontane Schü.äußerungen* *Erklärung des Begriffes: »Diakonie« heißt »Dienst«*
Erarbeitung/ Gestaltung	*Gespräch, während die Kinder die Bildkarte ausmalen* *(Anmerkung: Der Text dieser Bildkarte enthält viele schwierige Wörter; mit dem selbstständigen Erlesen sind die Kinder überfordert. L.erklärungen sind nötig. Daran lässt sich aber ein offenes und tiefgründiges Gespräch anknüpfen. Jedes Mal bin ich wieder überrascht, wie viele Gedanken sich die Kinder zu diesen brisanten Themen gemacht haben. Es kann auch umgekehrt sein: Wenn die Kinder mit diesen Themen nichts anfangen können, übergeht man sie. – Im Folgenden nur ein paar mögliche Aspekte:)* Weil Jesus gesagt und vorgemacht hat, dass wir Menschen helfen sollen, deshalb bietet die Kirche viele Dienste an. Man nennt das auch »sozial«, das heißt: »für die Gemeinschaft«. Zum Beispiel gibt es Gemeindeschwestern, die kranke Menschen betreuen. Sie sind nicht so krank, dass sie im Krankenhaus sein müssen, aber es muss z. B. jeden Tag der Blutdruck gemessen werden. – Aussiedlerbetreuung: Das sind Leute, deren Großeltern aus Deutschland kommen, die aber selber lange z. B. in Russland gelebt haben und nun nach Deutschland zurückkehren. Sie brauchen Hilfe, z. B., um Deutsch zu lernen. Es kommen auch Menschen aus anderen Ländern nach Deutschland, weil in ihrer Heimat Krieg ist oder die verfolgt sind. Sie bitten um Asyl. Bis darüber entschieden wird, werden sie versorgt. Das war auch mal umgekehrt: Als Hitler an der Macht war, sind viele aus Deutschland geflohen und waren froh, dass sie in anderen Ländern bleiben konnten. – Beratungsstellen für Alkohol- und Drogenkranke, für Nichtsesshafte: Bestimmt hast du schon einmal gesehen, dass ein Mensch betrunken war. Warum trinken Menschen zu viel Alkohol? Oft haben sie Probleme und wollen sie vergessen. Aber davon gehen die Probleme nicht weg, im Gegenteil! Manche sind gar nicht mehr »normal«, wenn sie betrunken sind. Sie werden schnell wütend. Mit dem Rauschgift ist es noch schlimmer. Wenn sich Leute Heroin spritzen, sind sie so süchtig, dass sie nicht mehr allein davon loskommen. Viele sterben daran. Bitte, wenn du im Gebüsch eine Spritze findest, lass sie liegen und sage einem Erwachsenen Bescheid! Hoffentlich habt ihr nichts damit zu tun, wenn ihr groß seid…
Schluss	*Zusammenfassung* *Gebet* *Verabschiedung*

4. Stunde: Ein Interview

LZ: 2.6.2. Geschichten fordern heraus
QV: D 1/2.1.2.: Einfache Informationen durch Erfragen einholen und weitergeben

Material	Kassettenrecorder mit Mikrofon und Leerkassette, örtliches Telefonbuch, Lied (M 56)
	Begrüßung, Lied: »Der barmherzige Samariter«, (M 56)
Hinführung	*L hat Kassettenrekorder mit Mikrofon dabei* Weißt du, was ein Interview ist? *L befragt Kinder:* Wie heißt du? In welche Klasse gehst du? Was haben wir in der letzten Religionsstunde besprochen? *Auf diese Weise wird an die vorangegangene Stunde angeknüpft* *Anschließend wird das aufgenommene Interview angehört*
Erarbeitung	Ein Interview möchte ich mit euch ausdenken, und zwar passend zur letzten Stunde: Ich möchte mehr über die Arbeit der Diakonie und der Beratungsstellen herausfinden. Was gibt es hier in … überhaupt für Beratungsstellen? *Gemeinsam wird im Telefonbuch nachgeschaut* *(Anmerkung: Der richtige Buchstabe ist K – Kirche und dort e – evangelische Kirche, wo auf einer Extraseite alle Beratungsstellen und Sozialstationen aufgeführt sind.)* Wen wollen wir fragen? *Es werden zwei bis drei Beratungsstellen ausgewählt.* Was wollen wir wissen? *Kurz gemeinsam Fragen überlegen, anschließend Gruppenarbeit* Mögliche Fragen: Was ist Ihr Beruf? Warum haben Sie den Beruf gewählt? Wie lange arbeiten Sie schon dort? Bitte erzählen Sie uns von Ihrer Arbeit! Was sind die Probleme der Beratungsstelle?
Sicherung/ Gestaltung	*Mit Kassettenrekorder wird das Interview geprobt*
Schluss	*Zusammenfassung, Ausblick:* Falls du selber oder jemand, den du kennst, einmal die Hilfe einer Beratungsstelle braucht – nun weißt du, wo du die Telefonnummer findest: Im Telefonbuch unter K wie Kirche! *Gebet, Verabschiedung* *Anmerkung: Nun folgt die Durchführung des Interviews je nach Gegebenheiten.* *Passend wäre ein Besuch der örtlichen Sozialstation, um das Interview persönlich zu führen. Weniger aufwändig ist es, die Befragung telefonisch oder per E-Mail durchzuführen. In jedem Fall folgt eine hier nicht extra ausgearbeitete Stunde, um die Antworten auszuwerten und die wichtigsten Ergebnisse zu sichern.*

5. Stunde: ... wie dich selbst!

Material	Arbeitsblatt (M 59) kopiert, evtl. als Folie, Lied (M 56)
	Begrüßung, Lied: »Der barmherzige Samariter«, (M 56)
Hinführung	*Tafelanschrift:* Liebe deinen Nächsten wie dich selbst! *Schü.äußerungen, Anknüpfen an die vorangegangenen Stunden* Wir haben vom barmherzigen Samariter gehört, von der Diakonie und dass es gut ist, Menschen zu helfen... L: Da steht aber noch mehr als »Liebe deinen Nächsten!« Schü: ... wie dich selbst! *Spontane Schü.äußerungen*
Erarbeitung	Dass es gut ist, an die anderen Menschen zu denken, darüber haben wir in den vergangenen Stunden viel gehört. Aber man muss sich auch selbst manchmal etwas Gutes tun! Nur, wer sich selbst gern hat und mit sich zufrieden ist, hat die Kraft, anderen zu helfen! *Das Arbeitsblatt wird ausgeteilt, Schü lesen dort die Arbeitsanweisung und erklären sie noch einmal. Sie dürfen das Blatt allein oder zu zweit bearbeiten.* Wenn du dir nicht sicher bist, ob ein roter oder ein blauer Punkt hin gehört, mache nur einen ganz kleinen Punkt, den du übermalen kannst! *Schü arbeiten allein oder in Partnerarbeit* *Auswertung im Gespräch* *Schü liest eine Aussage vor und ordnet sie zu, evtl. macht L die roten und blauen Punkte an der Folie zur Kontrolle.* Dass du dich ausruhst, machst, was dir Spaß macht, ist genauso wichtig, wie dass du freundlich bist und hilfst! Wer immer nur an die anderen denkt und immer nur hilft, dem macht das am Ende keine Freude mehr. Wer aber immer nur an sich selbst denkt, sich vordrängelt und rücksichtslos ist, der sollte schon einmal nachdenken, ob das gut ist. Dass die Menschen in der Gemeinschaft gut zusammenleben, dazu braucht man den goldenen Mittelweg. Es ist doch erstaunlich, dass das vor 2000 Jahren genauso gültig war wie heute!
Sicherung/ Gestaltung	*Schü kleben das Arbeitsblatt ins Heft und schreiben die Überschrift dazu:* Liebe deinen Nächsten wie dich selbst! *Das »wie dich selbst« wird blau unterstrichen!* *In einem weiterführenden Gespräch könnten die Schü selbst Beispiele nennen, die anderen finden heraus, zu welcher Seite die Aussage gehört.*
Schluss	Auf dem Arbeitsblatt steht noch etwas: Es ist wichtig, mir selbst manchmal Gutes zu tun, wenn es anderen nicht schadet! *Schü.äußerungen* *Zusammenfassung, Abschluss des Themas,* *Gebet, Verabschiedung* *Anmerkung: Diese Stunde steht nicht im Lehrplan. Ich finde sie wichtig!*

7. THEMENBEREICH
Sich im Gebet an Gott wenden

Lernziele

2.7. Sich im Gebet an Gott wenden
2.7.1. Psalmen und Gebete als Ausdrucksformen des Glaubens
2.7.2. Das Vaterunser

QV: KR 2.1., PL 1/2.1.

Stoffverteilungsplan für Juni/Juli

1. Psalmen	2.7.1.
2. Wir beten: Das Vaterunser	2.7.1.
3. Vater unser im Himmel	2.7.2.
4. Dein Reich komme	2.7.2.
5. Unser tägliches Brot gib uns heute	2.7.2.
6. Und vergib uns unsere Schuld	2.7.2.
7. Und führe uns nicht in Versuchung	2.7.2.
8. Amen	2.7.1., 2.7.2.

1. Stunde: Psalmen

LZ: 2.7.1. Psalmen und Gebete als Ausdrucksformen des Glaubens
QV: KR 2.1.

Material	Kindergesangbuch, Arbeitsblatt (M 60), kopiert als Klassensatz und auf DIN-A3 vergrößert für jede Gruppe

Begrüßung; Lied lernen und singen: »Guter Gott, dankeschön!«, (Kindergesangbuch Nr. 5)

Hinführung
L trägt vor: Psalm 104, siehe Kindergesangbuch S. 16
Schon vor langer Zeit haben Menschen zu Gott gebetet, und ich möchte euch heute Gebete, die sehr alt sind, vorstellen.

Erarbeitung
Diese Gebete stehen in der Bibel, sie heißen Psalmen. Im Psalm 104 ist ein Mensch voll Freude und lobt Gott, dass er die Erde so schön erschaffen hat. Nun sollt ihr selbst einen Psalm kennen lernen:
Der Arbeitsauftrag für die Gruppenarbeit wird erklärt:
Jede Gruppe erhält das große Arbeitsblatt. Schü liest vor.
Das ist ein Text, den man erklären muss. Dass Gott ein guter Hirte genannt wird, das habt ihr schon in der ersten Klasse gehört. Dieses Bild wird im Psalm 23 auch verwendet. Auf den Karten steht, was gemeint ist. Überlegt gemeinsam, welche Erklärung neben welche Stelle in dem Psalm gehört und legt sie dazu!
Schü arbeiten in Gruppen, Auswertung im Sitzkreis
Schü liest die Stelle des Psalms, ein anderer Schü die Erklärung dazu.
Wie gefällt dir das Gebet? Wie fühlt sich der Mensch, der das betet? Sie oder er weiß, dass Gott immer da ist. In guten Zeiten macht Gott uns froh; wenn es uns schlecht geht, tröstet er uns.
Eine Redewendung heißt: »Geteilte Freude ist doppelte Freude.«
Wenn du etwas sehr Schönes siehst, was magst du dann tun? Es jemand erzählen! Du erzählst es Mama oder Papa, oder: Du erzählst es Gott. Wenn man es jemand erzählt, ist es nochmal so schön.
Die zweite Hälfte von dem Spruch heißt: »Geteiltes Leid ist halbes Leid.« Wenn du Kummer hast, ist es nicht mehr so schlimm, wenn du es jemand sagst, der mit dir fühlt und dich tröstet. Da kann dir das Gebet helfen.

Sicherung/ Gestaltung
Gestalten eines Hefteintrages:
Schü erhalten das Arbeitsblatt und bearbeiten es nun selbstständig.

Schluss
Zum Abschluss möchte ich heute ein Gebet sprechen, das nicht ganz so alt ist wie die Psalmen; mir gefällt es sehr gut!
L liest Gebet auf S. 233 im Kindergesangbuch vor: Herr, mache mich zum Werkzeug deines Friedens; *Verabschiedung*

Anmerkung: Eine Einführung in das Thema »Beten« habe ich in die erste Klasse vorgezogen (siehe Relifix 1, S. 22 f.) Diese und die folgende Stunde wiederholt und vertieft die Inhalte.

2. Stunde: Wir beten: Das Vaterunser

LZ: 2.7.1. Gebete als Ausdrucksformen des Glaubens;
2.7.2. Das Vaterunser; QV: KR 2.1., 2.1.2

Material	pro Gruppe ein Puzzle (M 61), Vaterunser (M 62a), Kindergesangbuch
	Begrüßung, Lied: »Vater unser im Himmel«, (Kindergesangbuch Nr. 210)
Hinführung	L: Mit dem Lied habe ich schon verraten, worum es geht... – Das bekannteste und wichtigste Gebet der Christen ist das Vaterunser. Das möchte ich mit euch in den nächsten Stunden lernen und es euch mit passenden Geschichten erklären.
Erarbeitung/ Sicherung	L: Doch erst geht es um das Beten: Was ist beten? Wann und wo betest du? *Schü.äußerungen, Gespräch* Wir beten in jedem Religionsunterricht, wir danken Gott und bitten um etwas. – Viele Menschen sprechen ein Gebet vor dem Essen. – Ich bete am Abend, wenn mir durch den Kopf geht, was an dem Tag alles passiert ist, was mich gefreut hat und was mich traurig gemacht hat. Ich bete, dass Gott meine Familie behütet. *L liest Text:* Ich bete Beten ist: reden mit Gott. Ich weiß: Gott hört mir zu. Beten kann ich morgens, abends, immer. Beten kann ich daheim, in der Schule, in der Kirche, überall. Ich kann beten, wenn es mir gut geht. Ich danke Gott und freue mich. Ich kann beten, wenn es mir schlecht geht. Beten kann mir Kraft geben und mich trösten. L: Diesen Text sollt ihr zusammensetzen; ich habe ein – ziemlich schwieriges – Puzzle für euch vorbereitet. *L teilt Puzzle aus, jede Gruppe von 3 bis 4 Kindern erhält ein Puzzle-Arbeitsblatt (M 61), dazu ein leeres Papier zum Aufkleben. Die Puzzleteile werden ausgeschnitten, zusammengesetzt und aufgeklebt. Schließlich wird der Text noch einmal vorgelesen* L: Du kannst beten, was du möchtest: dem lieben Gott erzählen, was du auf dem Herzen hast. Oder: Du kannst das Vaterunser beten. *L teilt Arbeitsblatt (M 62a) mit dem Text des Vaterunsers aus. Es wird gemeinsam gelesen, evtl. sprechen es die Schü zeilenweise nach. – Schü.äußerungen*
Sicherung/ Gestaltung	*Gestalten eines Hefteintrags: Schü kleben das Vaterunser ins Heft und gestalten einen Schmuckrand.*
Schluss	*Gemeinsam wird das Vaterunser gebetet, freies Gebet, Verabschiedung*
	Anmerkung: Das Vaterunser wird ab heute als festes Gebet am Ende der Stunde gemeinsam gesprochen. Auf diese Weise lernen die Schü es von selbst. Mir ist es wichtig, dass die Schü das Vaterunser können, aber das verhasste »Auswendiglernen« sollte ihnen erspart bleiben. (Es ist auch im Lehrplan nicht als Memorierstoff ausgewiesen.)

3. Stunde: Vater unser im Himmel

LZ: 2.7.2. Das Vaterunser
QV: KR 2.1.2.

Material	farbige (z. B.: rote, orange, hellgrüne, gelbe) Zettel, auf denen steht: Gott ist wie die Sonne / Gott ist wie ein Vater / Gott ist wie eine Mutter / Gott ist wie ein guter Hirte; in den gleichen Farben: vier Bögen Transparentpapier DIN-A4, weißes Papier DIN-A2, jeweils 4 Transparentpapierstücke je Schü (ca. DIN-A7), Hefteintrag (M 62b)
	Begrüßung, Lied: »Vater unser im Himmel«, (Kindergesangbuch Nr. 210)
Hinführung	L: Vater unser im Himmel... Warum heißt es »Vater« und nicht »Gott«? Wie kann man sich Gott vorstellen?
Erarbeitung	L: Weil man Gott nicht sehen kann, haben die Menschen immer wieder Bilder benutzt, um Gott zu beschreiben: Gott ist wie ein guter Hirte – dieses Bild kennst du schon. Gott ist wie ein Vater – dieser Vergleich ist beim Vaterunser gemeint. Ein Lied heißt: »Gottes Liebe ist wie die Sonne« (Nr. 153) – Merkt ihr: Das alles sind Bilder, um auszudrücken, wie Gott ist. Nun möchte ich, dass ihr euch in der Gruppe Gedanken macht und aufschreibt, was mit diesen Vergleichen gemeint ist. Ein Bild kommt noch dazu: Gott ist wie eine Mutter. *L teilt die Zettel aus. Gemeinsam ein bis zwei Beispiele aussuchen, dann arbeiten die Schü in Gruppen. L geht herum, gibt ggf Formulierungshilfen – denn diese Aufgabe ist nicht einfach! Anschließend Auswertung der Gruppenarbeit, Schü lesen Zettel vor, Gespräch* Was habt ihr gefunden? Ist euch das schwer gefallen? Gott ist wie eine Mutter: Die Mutter liebt mich, für sie bin ich wichtig. Die Eltern sagen, was richtig und was falsch ist. / Gott ist wie ein Vater: Der Vater sorgt für mich, er hält zu mir. Gott ist wie ein Hirte: Ein Hirte beschützt die Schafe. / Gottes Liebe ist wie die Sonne: Die Sonne ist immer und überall da. Die Sonne macht unser Leben hell und warm. *An der Tafel hängt das weiße Papier. L heftet die vier Bögen Transparentpapier darauf und spricht dazu: Gott ist wie die Sonne... Dunkle Farben zuerst, das gelbe Papier zuletzt nehmen! Die Bögen werden so platziert, dass in der Mitte ein Kreuz entsteht (s. M 62b). – Ein fruchtbarer Moment! Schü.äußerungen und Gespräch* Da ist ein Kreuz! – Das Wichtigste siehst du hier: Jesus – der ist mit dem Kreuz gemeint; Jesus sagt uns, wie Gott ist. Wenn wir Gott verstehen wollen, dann müssen wir darauf achten, was Jesus sagt und tut!
Sicherung/ Gestaltung	*Gestaltung eines Hefteintrags; L schreibt den Text an die Tafel, über dem weißen Papier (s. M 62b).* Text: Vater unser im Himmel – Gott ist wie die Sonne, eine Mutter, ein Vater, ein guter Hirte. Jesus sagt, wie Gott ist. *Schü erhalten Transparentpapier-Stücke, schreiben und gestalten das Kreuz.*
Schluss	*Zusammenfassung, Vaterunser und freies Gebet, Verabschiedung*

4. Stunde: Dein Reich komme

LZ: 2.7.2. Das Vaterunser
QV: KR 2.1.2.

Material	Erzählung (M 63a), Hefteintrag (M 63b), bunte Zettel, DIN-A6; Kindergesangbuch
	Begrüßung, Lied: »Vater unser im Himmel«, (Kindergesangbuch Nr. 210)
Hinführung	Vater unser im Himmel… – Immer schon haben sich Christen und Juden vorgestellt, dass sie nach dem Tod im Himmel sind und es da wunderschön ist. Dort, in Gottes Reich, gibt es keine Not und keine Traurigkeit, keinen Hunger und keine Krankheit. Immer schon haben Christen gehofft, dass dieses Paradies auch hier und heute in unsere Welt kommt.
Erarbeitung	L: Wenn es im Vaterunser heißt: »Dein Reich komme«, dann ist damit diese Hoffnung gemeint. Um euch das zu erklären, lese ich euch eine Geschichte vor. *L.erzählung (M 63):* Felix und die »Helfenden Hände« Felix ist unglücklich: Er besucht eine neue Schule und findet keinen Anschluss. Auch das Lernen fällt ihm schwer. Er stellt sich eine Traum-Schule vor, in der die Kinder einander helfen und keiner ausgelacht wird. Plötzlich spricht ihn Suse an und schlägt ihm vor, bei den »Helfenden Händen« mitzumachen. Felix ist überrascht, und dann ist er froh: Nun hat er eine Aufgabe und bekommt selbst Hilfe angeboten. *Schü.äußerungen, Gespräch* Was ist nun? Ist das jetzt Felix' Traum-Schule oder nicht? Wie ist das nun in unserer Welt? Es gibt überall Not und Leid! Ist Gottes Reich nur ein Wunsch für die Zukunft? Können wir erst im Himmel, nach unserem Tod, glücklich und zufrieden sein? – Jesus hat es mit Gleichnissen erklärt; ich habe versucht, es dir mit der Geschichte von Felix zu erklären: Das Reich Gottes ist »schon da« und »noch nicht da« zugleich. Es ist schon da, dort, wo Menschen gut zueinander sind: *Gemeinsam Beispiele sammeln und auf bunte Zettel schreiben.* Es ist noch nicht da, weil es noch – lange – nicht vollendet ist. So ist es unser Wunsch für die Zukunft, das Ziel. Es ist unsere Aufgabe und unsere Hoffnung!
Sicherung/ Gestaltung	*Gestalten eines Tafelbildes: L malt mit ein paar Kreidestrichen eine Schule. Dann werden die bunten Zettel als »Mauersteine« an die Tafel geheftet. Die Schule ist bunt, aber nicht ganz.* Wenn wir helfen und freundlich sind, ist schon ein Stück vom Himmel da und macht unsere Schule bunt und schön. Helft mit, damit es viele bunte Mauersteine werden! *Gestalten eines entsprechenden Hefteintrages (s. M 63b): Text:* Dein Reich komme – Das Reich Gottes ist unsere Hoffnung für die Zukunft und es ist schon da: Dort, wo Menschen Gutes tun. *Die Schü schreiben; sie malen mit Bleistift eine Schule, mit Farbstiften bunte Mauersteine.*
Schluss	*Zusammenfassung, Vaterunser und freies Gebet, Verabschiedung*

5. Stunde: Unser tägliches Brot gib uns heute

LZ: 2.7.2. Das Vaterunser
QV: KG 2.1.2.

Material	Erzählung (M 64), Kindergesangbuch
	Begrüßung, Lied: »Vater unser im Himmel«, (Kindergesangbuch Nr. 210)
Hinführung	*Anknüpfen an die vorangegangene Stunde* L: Was braucht der Mensch zum Leben? *Kurz sammeln:* Essen, Trinken, Kleidung, Wohnung, Geld, Heizung…
Erarbeitung	L: »Unser tägliches Brot gib uns heute« , so heißt die nächste Zeile vom Vaterunser. Auch diese Zeile meint mehr, als man zuerst denkt. Hört die Geschichte: *L.erzählung (M 64):* Ausreden *Schü.äußerungen* *Gespräch* Arbeitslosigkeit ist schlimm. Wenn das Geld knapp ist und man sich jeden Einkauf, jedes Geschenk oder die zehn Euro für das Volksfest zweimal überlegen muss, ob man sie sich leisten kann oder, noch schlimmer, eigentlich weiß, dass man es sich nicht leisten kann, dann ist das sehr schwierig für die Erwachsenen, die das Geld verdienen müssen. Wenn nicht viel Geld da ist, macht man sich oft große Sorgen darum. Bestimmt habt ihr, wie meine Kinder, auch ständig Wünsche, was ihr soo gern hättet, z.B. Spielsachen. Einmal hat sich mein Sohn zum Geburtstag gewünscht: »Einen Kopierer, aber keinen, der so oll nur schwarz und weiß kopiert, sondern Farbe!« – Was sagen die Eltern? Zu teuer! Nicht noch ein Trumm im Kinderzimmer! Dass alles Geld kostet und man nicht alles haben kann, das wisst ihr schon, oder? »Unser tägliches Brot gib uns heute« ist die Bitte, dass wir das bekommen, was wir zum Leben brauchen. Brot, Essen, Trinken… all das, was ihr vorher genannt habt.
Sicherung/ Gestaltung	*Gestalten eines Hefteintrages mit dem Text:* Unser tägliches Brot gib uns heute Wir bitten um das, was wir zum Leben brauchen. *Unten auf die Seite den Titel der Geschichte schreiben:* Ausreden *Dazu malen die Schü entweder ein Bild von der Geschichte, oder sie malen, was wir zum Leben brauchen.*
Schluss	*Zusammenfassung, Vaterunser, freies Gebet, Verabschiedung*
	Anmerkung: Die Themen Arbeitslosigkeit und Geldmangel müssen mit Vorsicht behandelt werden, um den Eltern nicht zu nahe zu treten, sind für die Kinder aber wichtig! Oft sind sie froh, darüber reden zu können und zu spüren, dass es nichts ist, wofür man sich schämen muss, wenn nicht viel Geld da ist. Es kann durchaus thematisiert werden, dass es gesellschaftliche Ungerechtigkeiten gibt. Die Kinder zeigen sich einsichtiger, als man vermutet.

6. Stunde: Und vergib uns unsere Schuld

LZ: 2.7.2. Das Vaterunser
QV: KR 2.1.2.

Material	Erzählung (M 65), Kindergesangbuch, zurecht geschnittenes braunes Tonpapier, 4 mal 4 cm; effektvoll ist es, wenn die Lehrkraft eine Kokosnuss dabei hat. (Die gibt es in gut sortierten Supermärkten, und sie hält ewig. Man muss nur eine im Lehrer-Leben kaufen.)
	Begrüßung, Lied: »Vater unser im Himmel«, (Kindergesangbuch Nr. 210)
Hinführung	*L zeigt Kokosnuss:* Mhm. Eine Kokosnuss!? Eine ganz normale Kokosnuss ist eigentlich nichts Besonderes. Aber: Für den Jungen in der Geschichte, die du gleich hörst, ist eine Kokosnuss, die er geschenkt bekommen hat, der größte Schatz. Die Geschichte gehört zur Bitte des Vaterunsers: Und vergib uns unsere Schuld, so wie auch wir vergeben unseren Schuldigern.
Erarbeitung	Dazu erzähle ich euch wieder eine lange Geschichte. Während ich sie vorlese, fangt ihr bitte im Heft zu malen an: Malt eine Fußgängerbrücke aus Holz, die über einen großen Bach führt. Sie kommt am Anfang der Geschichte vor. *L.erzählung (siehe M 65):* Die Geschichte von Käpt'n Kokosnuss Ein neuer Junge kommt in die Klasse, der durch aggressives Verhalten auffällt. Durch die liebevolle Zuwendung der Mutter eines Mitschülers lernt er zu verzeihen, anstatt zuzuschlagen. *Schü.äußerungen, Gespräch* Das ist auch wieder eine sehr schöne Geschichte. Am Anfang der Geschichte kennt Rico nur Zuschlagen und Zurückschlagen. Dann schlägt oder schimpft ihn die Mutter nicht, als er das Glas umwirft. Er lernt, was verzeihen heißt. Wie fühlt er sich? Hast du einmal jemand etwas verziehen, der dir wehgetan oder etwas kaputt gemacht hat? Hast du einmal etwas falsch gemacht und erlebt, dass dir jemand verzeiht? Wie hast du dich gefühlt? Es ist schön, wenn man verzeihen kann und wenn mir jemand verzeiht. Das gehört beides zusammen! Die Stelle im Vaterunser „Und vergib uns unsere Schuld, wie auch wir vergeben unseren Schuldigern" meint, dass Gott uns vergibt, wenn wir etwas falsch gemacht haben. Weil Gott uns liebt. Und so sollen wir das auch machen.
Sicherung/ Gestaltung	*Gestalten eines Hefteintrags; Schü schreiben den Text:* Und vergib uns unsere Schuld, wie auch wir vergeben unseren Schuldigern. Die Geschichte von Käpt'n Kokosnuss *Nun wird aus dem braunen Tonpapier die Kokosnuss gestaltet: Dazu benutzen die Schü ihren Kleberdeckel als Schablone. Die Kokosnuss wird ausgeschnitten und aufgeklebt, wie sie gerade in den Bach fällt.*
Schluss	*Zusammenfassung, Vaterunser und freies Gebet, Verabschiedung*

7. Stunde: Und führe uns nicht in Versuchung

LZ: 2.7.2. Das Vaterunser
QV: KR 2.1.2.

Material	Erzählung (M 66), Hefteintrag (M 67): braunes Tonpapier für jeden Schü in DIN-A6 und DIN-A7, kariertes Papier DIN-A8; auf einem Stück stehen die Zahlen, die in der Geschichte vorkommen, Kindergesangbuch
	Begrüßung, Lied: »Vater unser im Himmel«, (Kindergesangbuch Nr. 210)
Hinführung	*Anknüpfen an die vorangegangene Stunde* L: »Und führe uns nicht in Versuchung« – das Wort Versuchung kennt ihr vielleicht nur aus der Werbung; was heißt es denn eigentlich? Wer jemand in Versuchung führt, will ihn dazu verleiten, etwas Falsches zu tun. So wie in der nächsten Geschichte…
Erarbeitung	*L.erzählung (siehe M 66): Und führe uns nicht in Versuchung* Wenn in der Geschichte von dem zerknüllten Zettel mit den Ergebnissen die Rede ist, zieht L ihn selbst aus der Tasche. *Schü.äußerungen* *Gespräch* Bernd hat Sonja in Versuchung geführt, er wollte sie dazu bringen, etwas Falsches zu tun. Warum hat Sonja sich darauf eingelassen? Sie wollte so gern den MP3-Player haben. Und warum hat sie am Ende doch den Zettel nicht benutzt? Sie hatte ein schlechtes Gewissen. Dieses Gewissen sagt uns öfter, was richtig ist und was falsch. Kennst du das? Wo fühlst du es? Manche haben einen Stein auf dem Herzen, andere spüren ein unangenehmes Gefühl im Magen. Es ist gut, dass Sonja auf ihr Gewissen gehört hat. Sie hätte an dem MP3-Player keine Freude gehabt! Manchmal werden wir in Versuchung geführt. Dann kann es schwierig sein, das Richtige zu tun. Deshalb bitten wir Gott: »Und führe uns nicht in Versuchung…«
Sicherung/ Gestaltung	*Gestalten eines Hefteintrages (siehe M 67): Die „Schublade" lässt sich aufziehen!* – Jeder Schü erhält einen kleinen karierten Zettel, die fünf Zahlen werden diktiert (die einzelnen Ziffern diktieren, weil die Schü nur die Zahlen bis 100 kennen). Das größere Stück Tonpapier ist der „Schreibtisch", er wird quer ins Heft geklebt. Dabei wird aber nur ein Streifen rechts und links mit Kleber bestrichen, damit man in der Mitte noch die „Schublade" darunter schieben kann. Diese wird aus dem kleineren Stück Tonpapier gebastelt und darauf wird der Zettel mit den Nummern geklebt. Der Text heißt: Und führe uns nicht in Versuchung – Das Rechenquiz
Schluss	*Zusammenfassung* *Vaterunser und freies Gebet, Verabschiedung*

8. Stunde: Amen

LZ: 2.7.2. Das Vaterunser
QV: KR 2.1.2.

Material	Großes Tuch und kleine bunte Zettel, auf farbigem Papier das Wort »Amen«, wasserfeste Wachsmalkreiden, Wasserfarben; Papier, etwas kleiner geschnitten als DIN-A4, Kindergesangbuch
	Begrüßung, Lied: »Vater unser im Himmel«, (Kindergesangbuch Nr. 210)
Hinführung	Das ist heute die letzte Stunde, nun ist das Schuljahr zu Ende. Wenn wir beten, sagen wir am Ende: Amen! – das heißt: So sei es! Amen, So sei es!, damit bekräftigen wir, was wir gesagt haben und setzen einen Schlusspunkt. Ein Gebet und ein Schuljahr brauchen einen Anfang und einen Schluss.
Erarbeitung/ Gestaltung	Das Wort »Amen« soll auch am Ende von unserem Religionsheft stehen. Das gestalten wir so: *L zeigt, wie es geht:* Auf das Papier wird mit Wachsmalkreiden in großen Druckbuchstaben das Wort »Amen« geschrieben. Male dicke Buchstaben und drücke fest auf! Danach brauchst du die Wasserfarben. Rühre die Farbe an, nimm viel Wasser und streiche zügig über die Buchstaben drüber. Was passiert? Von den Wachsmalkreidebuchstaben perlen die Wasserfarben ab. *Schü gestalten das Bild* *Während es trocknet, kommen die Schü in den Sitzkreis* *Das Tuch, darauf die Wortkarte »Amen« und bunte Zettel liegen bereit.* Das soll unser gemeinsamer Schlusspunkt sein: Was ist dir vom Religionsunterricht in Erinnerung geblieben? Was hat dir gut gefallen, was nicht? Schreibe es auf einen Zettel und lege ihn auf das Tuch! Ihr dürft allein, zu zweit, zu dritt überlegen, was ihr schreiben möchtet. Damit es noch ein bisschen spannender ist und zum Wort »Amen« passt, sollen eure Sätze mit einem A, M, E oder N anfangen! Zum Beispiel: <u>M</u>ir hat die Geschichte mit der Kokosnuss gut gefallen., oder: <u>E</u>s gefällt mir nicht, dass jetzt Ferien sind… ein Scherz. – Gerne könnt ihr in eurem Religionsheft blättern und nachschauen, was wir alles gemacht haben. *Schü schreiben die Zettel* *abschließendes Gespräch* *Schü lesen vor, was sie alles geschrieben haben* Es kann auch abgestimmt werden: Wer fand die Geschichten, das Malen und Basteln, das Singen, das Reden am Schönsten und warum?
Sicherung	*Das getrocknete Bild wird ins Heft geklebt, jedes Kind holt die Zettel, die es geschrieben hat, vom Tuch und klebt sie dazu.*
Schluss	*Zusammenfassung, Abschluss des Themas:* Das Schuljahr hat mir mit euch viel Spaß gemacht! Auch im nächsten Jahr wird es wieder spannend! Darauf freue ich mich! *Vaterunser und freies Gebet* *Besonders herzliche Verabschiedung*

MATERIALIEN

M1

Kennenlernspiele

Namenskarten zuordnen:
Die Namenskarten werden eingesammelt und gemischt und von 2 Schü/vom L wieder ausgeteilt.

Das ist ein Krokodil:
Das funktioniert so wie das Spiel »Koffer packen«, nur mit Namen:
L gibt beliebigen Gegenstand herum, z.B. ein Lineal und sagt:
Ich, Frau Bogdahn, behaupte, das ist ein Krokodil.
Jedes Kind nennt seinen Namen und alle Namen davor: Ich, Marianne, und Charlotte, Christina, Felix … und Frau Bogdahn behaupten, das ist ein Krokodil.
Nach 10 bis 12 Kindern wieder von vorn beginnen, sonst ist es zu schwer.

Namen zaubern
Alle Kinder stehen im Inneren des Kreises. L beginnt und nennt einen Namen. Dieses Kind nennt einen weiteren Namen und setzt sich hin. So geht es weiter, bis alle sitzen.

Oder ein Kind »zaubert« so viele Namen, wie es kennt.
Dazu könnte man, wenn man hat, auch einen Zauberstab benutzen: Das Kind wird mit dem Zauberstab berührt, der Name genannt; es darf sich hinsetzen.

Große Kinder:
Alle Kinder steigen der Reihe nach auf einen Stuhl, der in der Mitte vom Sitzkreis steht. Alle, die seinen Namen wissen, rufen ihn.

Nicht zu vergessen das gute alte:
»Mein rechter Platz ist leer«:
Alle sitzen im Kreis, ein Stuhl ist frei. Das Kind, dessen rechter Platz leer ist, sagt: »Mein rechter, rechter Platz ist leer, da wünsch ich mir die Sandra her…«

Alle Spiele gehen nicht um die Wette! Es wird zusammengeholfen!

M 2

Joseph will nicht so allein

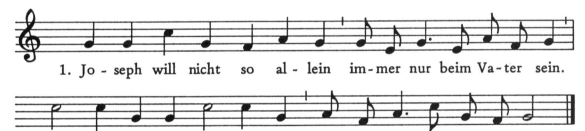

1. Jo-seph will nicht so al-lein im-mer nur beim Va-ter sein. Doch die Brü-der wolln ihn nicht, schaun ihm bö-se ins Ge-sicht.

2. Joseph kommt im bunten Rock, sie bedrohn ihn mit dem Stock,
   ja sie werden gelb vor Neid über Josephs neues Kleid.

3. Von zwölf Garben voller Pracht träumt dem Joseph in der Nacht,
   träumt: die zwölfte, das bin ich, sieht: die elf verneigen sich.

4. Er erzählt von seinem Traum, doch als er geendet kaum,
   seine Brüder zornig schrein: „Solln wir deine Diener sein?"

5. In die Grube, die dort ist, werfen sie ihn voller List.
   Als die Karawane hält, geben sie ihn weg für Geld.

6. Jeder Bruder denkt für sich: „Vater liebt jetzt nur noch mich!"
   Joseph aber ward ein Herr, Pharao verehrt ihn sehr.

7. Seht, nun kommt die teure Zeit, und die Brüder müssen weit.
   Denn in ihrer großen Not schickt der Vater sie nach Brot.

8. In Ägypten beugen sie vor dem Bruder ihre Knie,
   den sie voller Furcht erkannt: „Jetzt sind wir in Joseph's Hand."

9. Doch der sagt: „Was ihr getan, ich verzeih's und denk nicht dran.
   Ihr habt Böses ausgedacht, Gott hat alles gut gemacht!"

Text und Musik: Josef Michel
© Strube Verlag München-Berlin

M 3

Josefs Familie

Josef sitzt mit seinem kleinen Bruder Benjamin im Schatten eines Baumes. Er reibt sich das Bein. »Warum hat Gad dich gestoßen?«, fragt Benjamin. »Ach, du weißt doch: Die Brüder hassen mich«, antwortet Josef. »Gad hat sich mal wieder geärgert, dass ich so ungeschickt bin, und du kennst ihn ja: Er schlägt lieber zu, als lange zu reden.«
Josef denkt nach. Er kann den Zorn seiner Brüder sogar irgendwie verstehen. Josef ist ganz anders als sie. Er kann lesen und schreiben, er hat ganz zarte Hände und verbringt die Zeit lieber lernend im Haus. Er ist sehr wissbegierig und klug, aber für die Arbeit auf dem Feld und mit den Schafen und Ziegen ist er ganz und gar ungeeignet. Zehn große Brüder hat Josef. Ruben ist der älteste von ihnen, Simeon, Levi, Juda, Isaschar, Sebulon, Dan, Naftali, Gad und Asser heißen die anderen. Sie sind tüchtige Hirten und packen mit an, wenn Arbeit zu tun ist. Und Arbeit gibt es genug, denn ihr Vater Jakob ist reich. Viel Land und viele Tiere gehören ihm; sieben Tage braucht man, wenn man an der Grenze seines Landes entlang geht. Viele Knechte und Mägde arbeiten für ihn. Sie leben, wie auch Jakob mit seiner Frau Lea und seinen Söhnen, in den flachen weißen Häusern, die um den großen Innenhof mit dem Brunnen herum gebaut sind. Doch Lea ist nicht die Mutter von Josef und Benjamin. Das war Rachel, doch sie ist bei der Geburt von Benjamin gestorben. Damals konnte ein Mann mit mehreren Frauen verheiratet sein; Lea und Rachel waren Schwestern. Doch richtig geliebt hat Jakob nur Rachel, und deswegen liebt Jakob Josef besonders. Dass Josef so anders ist als seine Brüder, kommt daher, dass er seiner Mutter ähnlich ist, und das erinnert Jakob an sie. Er bevorzugt Josef, er zeigt, dass er ihn lieber hat als die anderen Söhne. Doch das macht den Hass der Brüder noch schlimmer.
Josef ist nun 17 Jahre alt. Sein Vater Jakob ist schon alt. Er hat vieles erlebt. Oft erzählt er seinen Söhnen und Enkelkindern von seinem Vater Isaak und seinem Großvater Abraham. Und er erzählt von seinem Traum, in dem Gott zu ihm gesprochen und ihn gesegnet hat. »Siehe, ich bin der Herr. Ich bin bei dir und will dich behüten, wo du auch hingehst.« Das hat Gott gesagt und Jakob spürt, dass Gott immer bei ihm ist. Diese Traumgeschichte will Josef immer wieder hören. »Wie sieht Gott aus?«, fragt er. »Gott kann man nicht beschreiben wie eine Blume oder einen Menschen«, antwortet Jakob, »Gott ist eine Kraft, die du fühlen kannst.«

M 4

Josefs schönes Kleid

»Ich habe etwas für dich!«, sagt Jakob eines Tages zu Josef. »Du bist etwas ganz Besonderes, und deswegen sollst du ein besonderes Geschenk haben!« Er hält ein prächtiges Kleid in den Händen und breitet es vor Josef aus. Sonst ist ein Gewand aus Schafwolle gewebt, es ist einfach, braun oder weiß; es hält warm, aber es kratzt. Wie anders ist doch dieses Kleid! Sein weicher Stoff ist mit Purpurrot und Safrangelb gefärbt. Über der Brust ist es sogar mit Goldfäden bestickt. Staunend hält Josef das wunderschöne Gewand in den Händen. »Danke, Vater!«, stammelt Josef; mehr bringt er nicht heraus. Aber Jakob merkt, wie sehr sich Josef freut. Josef zieht das neue Kleid an, er sieht wie ein Prinz aus. Jakob umarmt Josef. »Mein Sohn! Ich habe dich mehr lieb als alles andere auf der Welt!«, sagt er gerührt. »Danke, Vater!« – mehr fällt Josef immer noch nicht ein.
Doch nicht alle sind so erfreut wie Josef. Gad hat die Szene beobachtet und läuft nun wutentbrannt zu den Brüdern. »Unser Vater will wieder einmal allen zeigen, wie viel ihm Josef

bedeutet!«, tobt er. »Und dass wir ihm gar nichts wert sind! – Mit diesem hübschen Kleidchen kann Papas Liebling natürlich unmöglich als Hirte arbeiten!«

Doch es kommt noch schlimmer. Denn am nächsten Morgen erzählt Josef, was er geträumt hat. »Was mag das nur bedeuten?«, murmelt er. Er erinnert sich ganz genau; es waren zwei Träume. »Erst binden wir alle aus dem Getreide Garben auf dem Feld«, sagt er. »Und dann werden die Garben lebendig. Meine Garbe richtet sich auf, groß und stark, und die anderen Garben verneigen sich vor ihr. – Und im anderen Traum sind Sonne, Mond und elf Sterne am Himmel. Sie versammeln sich vor mir und machen eine Verbeugung.« – »Das kann ich dir genau sagen, was das bedeutet!«, platzt Juda heraus. »Dass du ein elender Angeber bist und gern hättest, dass wir vor dir niederknien. Dass du dich für etwas Besseres hältst, das bedeuten deine Träume! Dafür muss man kein Traumdeuter sein! Und du, Vater, du hältst auch noch zu ihm, anstatt dass du ihn endlich mal verprügelst für seinen Hochmut!« Er springt auf und rennt hinaus. Die anderen Brüder folgen ihm, mit finsterer Miene, nicht ohne einen bösen Blick auf Josef zu werfen, der mit gesenkten Schultern dasitzt. »Ich kann doch nichts dafür, wenn ich das träume!«, meint er, aber wohl ist ihm nicht in seiner Haut. Draußen sitzen die Brüder beieinander und beraten sich. »Jetzt reicht es aber endgültig!«, schimpft Simeon aufgebracht. »Das lassen wir uns nicht mehr gefallen!« »Aber was willst du denn tun, wenn der Vater ihn schützt?«, wendet Asser ein. »Keine Ahnung!«, knurrt Simeon und ballt die Faust. »Aber da wird sich schon eine Gelegenheit finden. Und dann zahlen wir es ihm heim!«

M 5

Das zahlen wir ihm heim!

Einige Zeit später spricht keiner mehr von dem neuen Kleid und von den Träumen. Die Brüder ziehen mit den Herden zu einem weit entfernten Weideplatz, nach Sichem. Jakob und Lea, Josef und Benjamin bleiben zurück. Es ist ruhig auf dem Hof, es gibt nicht viel zu tun. – Nach einiger Zeit ruft Jakob Josef zu sich. »Josef, ich möchte wissen, wie es den Brüdern und den Herden geht«, sagt er. »Mache dich auf den Weg nach Sichem, richte Grüße von uns aus und berichte mir dann, ob alles in Ordnung ist.« Diese Aufgabe übernimmt Josef gern. Lea packt ihm Proviant ein und auch noch Essen für die Brüder. Er nimmt den Hirtenstab und verabschiedet sich von Benjamin und seinem Vater. »Pass auf dich auf, und Gott sei mit dir!« Jakob umarmt Josef und sieht ihm noch lange nach.

Drei Tage ist Josef unterwegs, bis er die Brüder erreicht hat. Sie sehen ihn kommen. »Seht doch, da kommt Josef!«, ruft Dan, der ihn zuerst entdeckt. »Das muss er sein! Wer sonst trägt so ein schönes Kleid, wenn er zur Arbeit geht?« Die Brüder lachen spöttisch. Sofort ist der ganze Neid und Hass wieder da. Simeons Augen funkeln. »Brüder, das ist die Gelegenheit, auf die wir schon lange warten! Jetzt prügeln wir ihn mal so richtig durch!« »Aber dann verpetzt er uns beim Vater!« »Dann werfen wir ihn dort in den leeren Brunnen und erzählen dem Vater, ein wildes Tier hat ihn gefressen.« »Nein!«, meint Ruben, »Wir dürfen kein Blut vergießen! Es reicht, wenn wir ihm Angst einjagen!« Doch nun ist Josef angekommen und die Brüder sind nicht zu halten. Sie stürzen sich auf Josef, reißen ihm das schöne Kleid vom Leib, schlagen ihn, treten ihn, obwohl er allein keine Chance hat. Am Ende werfen sie ihn in den Brunnen und gehen weg. Da liegt Josef. Alles tut ihm weh. »Warum hassen sie mich so sehr?«, denkt er verzweifelt. Vorsichtig versucht er sich aufzurichten. Der Brunnen ist nicht sehr tief, aber alleine heraus kommt er nicht. Die Wände sind ganz glatt, damit sich in der Regenzeit das Wasser darin sammelt. »Was wird nur mit mir geschehen?« Josef sieht hinauf; es wird Nacht. Wollen die Brüder ihn denn hier lassen?

Er ruft leise: »Ruben! Gad! Holt mich doch raus! Bitte!«

Doch die Brüder hören ihn nicht. Sie sitzen ein Stück weit entfernt am Feuer, starren in die Flammen und sprechen kein Wort. Ob sie doch zu weit gegangen sind?

M 6

Die Brüder verkaufen Josef

Die Brüder sitzen noch immer wortlos am Feuer und hängen ihren Gedanken nach. Ruben ist der einzige, der aufmerksam beobachtet, was die anderen machen. Denn er hat beschlossen, Josef zu helfen. »Sobald alle eingeschlafen sind, hole ich ihn aus dem Brunnen heraus und bringe ihn in Sicherheit!«, denkt er. Josef tut ihm Leid. »Das hat er nicht verdient, dass er dort verhungert! Und unserem Vater können wir das nicht antun!«

Doch plötzlich hört er Geräusche. Da sind Kamele und mehrere Menschen! Ruben und einige der Brüder springen auf und spähen in die Finsternis. »Wer ist da?« Allmählich erkennen sie Gestalten in der Dunkelheit; sie verbeugen sich zum Gruß. »Wir sind Kaufleute auf dem Weg nach Ägypten!«, erklärt einer. »Können wir bei euch heute nacht unser Lager aufschlagen?« Einige Zeit später sitzen alle beim Feuer. Die Kaufleute erzählen: »Unsere Karawane ist groß, wir sind 15 Händler mit Kamelen, wir verkaufen Gewürze, Stoffe, Öl, Tiere und auch Sklaven.« »Ihr habt Sklaven? Menschen, die ihr als Diener verkauft?«, fragt Asser. Er sieht Juda an und denkt dasselbe wie er. »Das ist die Lösung!«, flüstert er ihm zu und sagt zu einem der Kaufleute: »Da können wir euch etwas anbieten! Kommt mit!« – Eine halbe Stunde später kehren sie zurück. Asser und Juda haben Josef verkauft! 20 Silberstücke haben sie für ihn bekommen. Am nächsten Morgen zieht die Karawane weiter. Josef nehmen sie mit. Keiner der Brüder wagt es, ihn anzuschauen. »Ist doch praktisch!«, murmelt Asser. »Wir haben ihn nicht getötet, aber verpetzen kann er uns auch nicht!« Doch richtig überzeugend klingt das nicht. Alle haben ein schlechtes Gewissen. Was wird der Vater sagen, wenn Josef nicht mehr nach Hause kommt?

M 7

Josef kommt nach Ägypten

Viele Tage später erreichen die Kaufleute den Nil. Mit einem großen Boot überqueren sie den breiten Fluss. Nun sind sie in Ägypten. Alles sieht hier ganz anders aus. Josef war noch nie in einer Stadt wie dieser. Staunend geht er durch die Straßen. Er bewundert den prächtigen Palast des Königs, der hier Pharao genannt wird. Viele Menschen drängen vorbei. Josef versteht ihre Sprache nicht. Als sie den Markt erreichen, breiten die Kaufleute ihre Waren aus. In einer Ecke stehen Josef und die anderen Sklaven. »Sehr kräftig ist er ja nicht!«, wendet ein Mann ein, der sich für Josef interessiert. Er heißt Potifar und ist der Hauptmann der Soldaten, die den König und den Palast bewachen. »Aber er kann lesen und schreiben!« Der Kaufmann preist Josefs Vorzüge an. »Nun gut!«, meint Potifar. »Ich brauche einen persönlichen Diener, dafür könnte er schon geeignet sein.« Und er lässt die 50 Silberstücke, die der Kaufmann für Josef verlangt, abzählen. Er winkt Josef, seiner Sänfte zu folgen. – Potifar bereut diesen Kauf nicht. Er merkt bald, dass Josef klug und fleißig ist. Schnell lernt er die ägyptische Sprache. Was er anpackt, gelingt ihm. Er kümmert sich um alles. Nach einem Jahr lässt Potifar Josef zu sich kommen und sagt: »Josef, ich bin mit deiner Arbeit mehr als zufrieden. Du kümmerst dich um mein Haus, als ob es dein eigenes wäre. Ich habe großes Vertrauen zu dir. Deswegen sollst du ab heute mein Verwalter sein. Du darfst über alles bestimmen, über die Sklaven und Diener. Du entscheidest, was eingekauft wird und wenn etwas repariert werden muss. Du wirst meine Briefe schreiben und mich beraten. Ich danke dir!« Josef freut sich. Er hat sich eingelebt und fühlt sich im Haus des Potifar wohl. Nur manchmal denkt er an seinen Vater und überlegt, was aus Benjamin geworden ist. Doch nun ist viel zu tun. Er schüttelt die Gedanken ab und geht aus dem Zimmer.

M 8

Im Gefängnis
(Die Überschrift nicht vorlesen!)

Josef verhandelt gerade mit einem Arbeiter. Die Frau des Potifar steht am Fenster und beobachtet ihn. »Ein hübscher Bursche!«, denkt sie und ruft ihn: »Josef, komm her! Mir ist langweilig, bleib ein bisschen bei mir und erzähle mir etwas!« »Verzeih, Herrin!«, antwortet Josef höflich. »Aber ich habe noch eine Menge Arbeit!« Und er verdrückt sich schnell, denn wohl ist ihm nicht dabei, wie die Frau ihn ansieht. – Doch so schnell gibt sie nicht auf, denn Josef gefällt ihr sehr gut. Gleich am nächsten Tag lässt sie ihn wieder zu sich kommen. »Josef, Potifar ist doch nicht da. Und ich bin so oft allein. Sei mein Geliebter!«, sagt sie zu ihm, geht nah zu ihm hin und fasst ihn am Arm. »Aber Herrin, nein! Niemals!« Erschrocken reißt Josef sich los. Doch sie packt ihn so fest, dass sie seinen Umhang in der Hand behält. Josef stürzt hinaus, und sie steht einen Moment lang da und kann es nicht glauben. Josef will sie nicht lieben? Wie kann er es wagen, sie abzulehnen! Und da schreit sie plötzlich los: »Ahh! Hilfe!« Einige Diener und Dienerinnen, die in der Nähe sind, kommen herbeigelaufen. »Josef war's!«, jammert die Frau und hält ihnen seinen Umhang hin. »Er wollte mich umarmen und küssen! Dieser abscheuliche Kerl! Schnell, ruft sofort Potifar, meinen Mann!«

Potifar tobt. »Dieser Josef! Wie kann er mich so enttäuschen! Ich habe ihm vertraut, und er macht sich an meine Frau heran! Ich will ihn nie wieder sehen! Lasst ihn sofort ins Gefängnis werfen!« Ohne dass Josef sich verteidigen kann, führen ihn zwei Leibwächter ab. Josef ist verzweifelt. Als er am Abend in seiner dunklen Gefängniszelle kauert, weint er. »Oh Gott!«, betet er. »Ich habe doch nichts getan! Bist du denn überhaupt noch bei mir? Wie soll das nur weitergehen?«

M 9

Der Pharao träumt

Wieder sind zwei Jahre vergangen. Wieder geht es Josef besser. Sogar im Gefängnis hat er sich eingelebt. Der Gefängnisaufseher hat Josef beobachtet und gemerkt, dass er nicht gefährlich, sondern klug und freundlich ist. Freilassen kann er ihn nicht, aber er hat ihn zu seinem Gehilfen gemacht. Im Gefängnis darf er sich frei bewegen. Gerade sind zwei vornehme Gefangene im Haus: Der Pharao hat seinen Bäcker und den Mundschenk, der ihm den Wein aussuchte, ins Gefängnis werfen lassen. Sie sind zu zweit in einer größeren Zelle, und Josef bringt ihnen das Essen. – An einem Morgen trifft er beide grübelnd an. »Was ist los?«, fragt Josef. »Wir haben heute beide so seltsam geträumt«, antwortet der Mundschenk. »Und wir wissen nun nicht, ob das irgendetwas zu bedeuten hat«, fügt der Bäcker hinzu. »Erzählt mir eure Träume!«, schlägt Josef vor. »Vielleicht kann ich euch helfen.« »Ich sah im Traum drei Reben an einem Weinstock«, beginnt der Mundschenk. »Sie wurden reif, und ich nahm einen Becher, presste sie aus und reichte den Becher dem Pharao.« Josef hört aufmerksam zu. »Deinen Traum kann ich dir tatsächlich deuten«, meint er. »In drei Tagen wird der Pharao dich begnadigen. Er wird dir verzeihen, und du wirst wieder für ihn arbeiten, so wie früher.« »Oh, wenn das wahr wäre!«, ruft der Mundschenk aus. »Nun höre auch meinen Traum!«, meldet sich der Bäcker zu Wort. »Er war ähnlich. Ich trug drei Körbe mit Broten, sie waren für den Pharao. Doch plötzlich kamen Vögel und fraßen die Brote auf! – Was soll das bedeuten?« Traurig setzt sich Josef zum Bäcker. »Das sind leider keine guten Nachrichten«, sagt er leise. »Du wirst in drei Tagen zum Tod verurteilt werden.« Der Bäcker schlägt verzweifelt die Hände vors Gesicht. – Drei Tage später tritt tatsächlich alles so ein, wie Josef es vorhergesagt hat.
Und wieder vergehen Jahre…
Da geschieht es, dass der Pharao einen selt-

samen Traum hat: Aus dem Nil steigen sieben schöne, fette Kühe. Sie fressen Gras am Ufer des Flusses. Doch plötzlich kommen sieben magere, hässliche Kühe aus dem Nil und fressen die fetten Kühe auf. – Der Pharao wacht auf. Er kann sich genau an den Traum erinnern. »Was mag das bedeuten?«, fragt er sich beunruhigt und kann lange nicht mehr einschlafen. Doch schließlich fallen ihm die Augen zu. Und er träumt wieder: Aus dem Boden wachsen sieben Ähren, sie sind voll Korn, dick und schwer. Aber da kommen sieben dürre, magere Ähren aus dem Boden. Sie verschlingen die sieben fetten Ähren. Nichts bleibt übrig.
Am nächsten Morgen lässt der Pharao seine Berater und Diener versammeln. Er erzählt ihnen die zwei Träume. »Ich bin sicher, dass mir diese Träume etwas Wichtiges sagen wollen«, sagt er am Schluss. »Doch was? Wer kann mir die Bedeutung der Träume erklären?« Da meldet sich jemand und tritt hervor. Es ist der Mundschenk. »Verehrter Pharao!«, spricht er. »Als ich damals im Gefängnis war, hatte ich auch einen Traum. Und Josef, ein fremder junger Mann, der dort arbeitete, der hat ihn mir deuten können. Es ist genau eingetroffen, was er gesagt hat.«
»Holt ihn mir herbei!«, befiehlt der Pharao. »Ich will noch heute mit ihm sprechen!« Schon ein paar Stunden später steht Josef vor ihm, ehrfürchtig, aber ruhig und ohne Angst. Der Pharao sieht ihn an und spürt, dass er Josef vertrauen kann. Gleich erzählt er seine Träume. Josef spricht, ohne zu zögern: »Deine beiden Träume bedeuten dasselbe«, beginnt er. »Gott will dich und dein Volk warnen: Es kommen sieben reiche, fruchtbare Jahre. Alles wird im Überfluss wachsen. Doch danach folgen sieben Hungerjahre. Es wird eine furchtbare Dürre geben. Du musst in den guten Jahren genug Vorräte sammeln, damit in den schlechten Jahren niemand hungern muss. Das wollen die Träume dir sagen!«
Der Pharao steht auf und geht auf Josef zu. Er hat keinen Zweifel, dass Josef die Wahrheit spricht. »Ich danke dir!«, sagt er. »Eine große Aufgabe wartet auf dich! Bleibe bei mir!«

M 10

Josef wird Minister

»Eine große Aufgabe wartet auf dich!«, sagte der Pharao zu Josef. Gleich am nächsten Tag lässt er wieder seine Diener und Ratgeber zusammenrufen und verkündet: »Hört, was ich euch zu sagen habe! Josef hat die Träume gedeutet, und ich sehe, dass er zuverlässig und tüchtig ist. Josef selber soll die Aufgabe übernehmen, unser Land vor der großen Not zu bewahren. Josef, tu, was du für richtig hältst! Lasse Vorratshäuser bauen! Bestimme, und die Menschen werden auf dich hören. Ich mache dich zum obersten Minister meines Landes!« Und er legt ihm als Zeichen seiner Würde eine schwere goldene Kette um den Hals. Die Berater und Diener können es zuerst kaum glauben: »Einem fremden jungen Mann, den er erst seit gestern kennt, will der Pharao so eine große Aufgabe anvertrauen?« Aber es zeigt sich bald, dass die Entscheidung des Pharaos goldrichtig war. Keiner würde fleißiger und umsichtiger als Josef arbeiten. Er reist durch das Land und lässt überall große Vorratshäuser bauen. Er sorgt dafür, dass die Menschen nur so viel Korn wie nötig verbrauchen. »Alles andere müssen wir für die Notzeiten aufheben!«, schärft er ihnen ein. Und die Menschen glauben ihm, sie hören auf ihn. Sie jubeln ihm zu und feiern ihn als den Retter des Landes. Josef ist glücklich. »Lieber Gott!«, betet er. »Das ist die Aufgabe, die du für mich vorgesehen hattest, das weiß ich jetzt. Ich danke dir, dass du mich hierher geführt hast!« Josef heiratet auch. Es ist Asnath, die Tochter eines Priesters. Josef und Asnath haben sich lieb. Sie bekommen zwei Söhne, Manasse und Efraim. – Doch immer wieder muss Josef auch an seinen Vater, an Benjamin und an seine Brüder denken. »Ob ich sie jemals wiedersehen werde?«, fragt er sich.

Gott hat alles gut gemacht

Sieben Jahre lang werden Vorräte gesammelt. Die Felder bringen reiche Ernte, die Wiesen sind üppig grün, die Zweige der Olivenbäume hängen voller Früchte. Alle Lagerhäuser sind gefüllt. Gespannt wartet Josef. Und es trifft ein, was er vorhergesehen hat: Im achten Jahr beginnt eine Trockenzeit. Kein Regen fällt. Die Sonne brennt auf das Land, der Boden ist ausgetrocknet und dürr, kein Hälmchen wächst. Wie gut, dass vorgesorgt ist! Nun achtet Josef darauf, dass die Vorräte nicht verschwendet werden. Aber die Menschen vertrauen ihm mehr denn je und befolgen seine Anordnungen. Niemand muss Hunger leiden.

Doch nicht nur in Ägypten ist Dürrezeit. Im fernen Kanaan, wo noch immer Jakob mit seinen Söhnen lebt, ist die Hungersnot groß. Denn sie haben keine Vorräte gesammelt. Jakob, der inzwischen ein sehr alter Mann ist, sitzt am Tisch und hat den Kopf in die Hände gestützt.

»Gott!«, betet er. »Du hast mich gesegnet, ich weiß. Und doch stellst du mich immer wieder auf die Probe. Niemals werde ich darüber hinwegkommen, dass Josef tot ist. Mein geliebter Sohn! Die anderen haben mir sein schönes Kleid mitgebracht, blutig und zerrissen. Es muss ihn wohl ein wildes Tier angegriffen haben. Und jetzt, diese Hungersnot! Es ist so furchtbar, zuzusehen, wie meine Familie, wie alle Menschen und Tiere Hunger leiden!«

Da tritt Ruben heran: »Vater, gute Nachrichten!«, verkündet er. »Ein Händler hat berichtet, dass es in Ägypten genug Korn zu kaufen gibt! Da müssen wir hin!« Jakob nickt. Zwei Tage später sind alle Reisevorbereitungen getroffen. Mit Geld und Eseln machen sich die Brüder auf den Weg. Nur Benjamin bleibt beim Vater zurück. Es ist eine weite Reise. Als sie schließlich in der ägyptischen Hauptstadt ankommen, fragen sie, wo man Korn kaufen kann. »Da müsst ihr euch beim Minister melden!«, hören sie. – »Zehn Männer aus Kanaan wollen Korn kaufen!«, wird wenig später Josef gemeldet. Josef erschrickt. Sollten es die Brüder sein? Sie sind es, aber sie erkennen ihn nicht in seinen vornehmen ägyptischen Kleidern. Josef spricht nur ägyptisch mit ihnen. Ein Übersetzer erklärt alles. »So, Korn wollt ihr kaufen!«, fährt Josef sie an. »Ich glaube euch nicht! Ihr seid Spione! Werft sie ins Gefängnis!« Ob er nun ihnen heimzahlen will, was sie ihm angetan haben? Am nächsten Tag lässt er sie wieder kommen. »Wir sind bestimmt keine Spione!«, beteuert Ruben. »Wir gehören zur Familie von Jakob. Unser Bruder Benjamin ist zu Hause geblieben.« »Nun gut, das werdet ihr mir beweisen!«, befiehlt Josef. »Ihr bekommt Korn, doch einer von euch bleibt hier. Und ihr werdet wiederkommen und Benjamin mitbringen, dann weiß ich, dass ihr die Wahrheit gesprochen habt.« Simeon wird abgeführt, und bedrückt ziehen die Brüder davon. Am Abend in der Herberge merken sie, dass das Geld, das sie für das Korn bezahlt haben, unberührt in den Kornsäcken liegt.

Als Jakob das alles hört, schüttelt er heftig den Kopf. »Benjamin nach Ägypten bringen? Nein, das geht nicht! Ich würde es nicht überleben, auch noch ihn zu verlieren!« Doch einige Monate später ist das ganze gekaufte Korn fast verbraucht. »Vater!«, drängt Juda. »Lass uns Benjamin mitnehmen, bitte! Ich verspreche dir, dass ihm nichts passiert! Lieber werde ich selber sterben!« Da gibt Jakob schweren Herzens nach. – Als die Brüder wieder in Ägypten ankommen, lässt sie Josef freundlich empfangen. »Jetzt weiß ich, dass ihr die Wahrheit gesagt habt!«, lässt er übersetzen. »Seid meine Gäste!« Auch Simeon ist dabei. Sie essen und trinken miteinander. Immer wieder betrachtet Josef seinen kleinen Bruder Benjamin. Josef lässt das Korn für sie bringen. Doch er will sie ein letztes Mal prüfen. Sind sie so hartherzig wie früher?

Als die Brüder schon ein gutes Stück aus der Stadt heraus sind, sehen sie, dass Soldaten geritten kommen. »Halt!«, brüllt einer. »Der Minister beschuldigt euch, seinen goldenen Becher gestohlen zu haben! Wir sollen den Dieb finden und ins Gefängnis werfen!« Starr vor Schreck sehen die Brüder zu, wie die Soldaten die Kornsäcke öffnen. Und sie finden den Becher – bei Benjamin! Doch als sie Josef vorgeführt werden, zögert Juda keine Sekunde lang. »Verehrter Minister!«, sagt er.

»Der Becher ist bei Benjamin gefunden worden. Wir können uns das nicht erklären. Aber ich bitte dich: Lass Benjamin gehen! Ich will für ihn ins Gefängnis gehen! Bitte! Wir haben vor langer Zeit an einem Bruder ein schlimmes Unrecht begangen. Unser Vater darf nicht auch noch Benjamin verlieren!«
Als Josef das hört, weiß er: Die Brüder haben sich geändert. Nun kann er sich nicht mehr zurückhalten. Die Tränen laufen ihm übers Gesicht. Er geht zu Benjamin, umarmt ihn und flüstert: »Ich bin es, Josef!« Und er dreht sich zu den Brüdern um und ruft noch einmal: »Ich bin Josef!« Die Erleichterung und Freude ist unglaublich. Sie fallen sich in die Arme, sie lachen und weinen zugleich. »Das müssen wir Jakob erzählen!«, ruft schließlich Benjamin.
Als der Pharao die Geschichte hört, freut er sich mit Josef. »Hole deine ganze Familie her!«, schlägt er vor. »Endlich kann ich dir meine Dankbarkeit zeigen! Ich schenke dir für deine Familie das Land Goschen. Dort könnt ihr leben!«
Jakob traut seinen Ohren kaum, als Benjamin ihm die Nachricht berichtet: »Vater! Josef lebt! Er ist Minister in Ägypten! Wir sollen alle zu ihm kommen!« Da faltet Jakob die Hände und betet: »Danke, Gott! Jetzt verstehe ich es! Du hast alles gut gemacht!«

M 12

© Edith Schindler, Zürich

M 13

Jakob hat Josef am liebsten und schenkt ihm ein schönes Kleid.

M 14

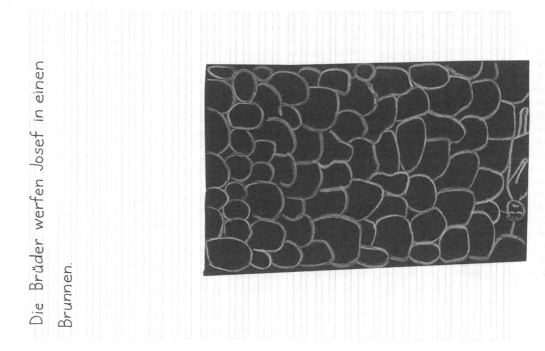

Die Brüder werfen Josef in einen Brunnen.

M 15

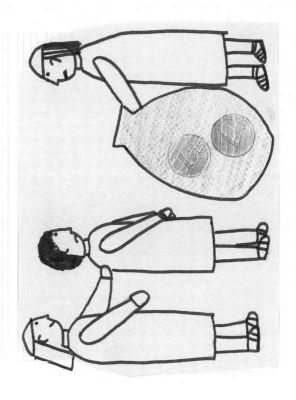

Josef wird an reisende Händler verkauft.

M 16

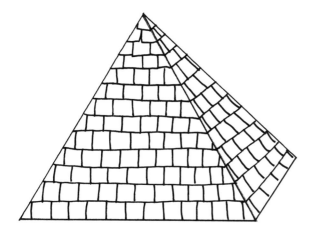

M 17

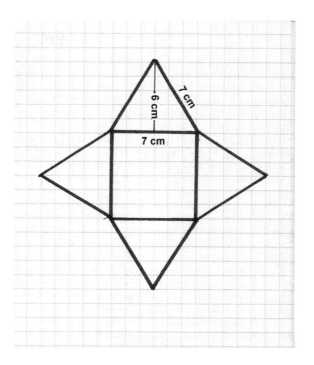

M 18

Durch die Lüge von Potifars Frau kommt Josef ins Gefängnis.

M 19

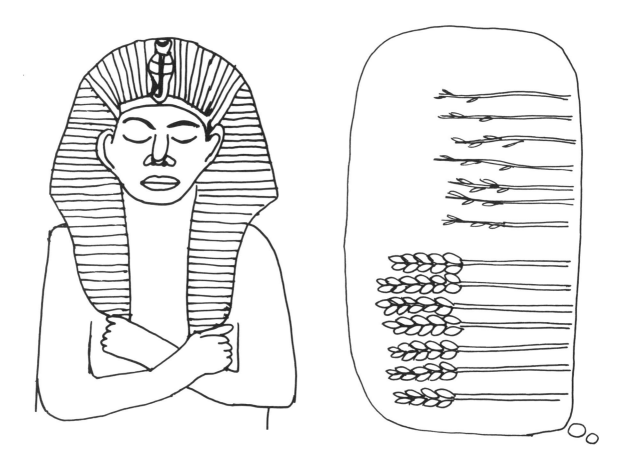

M 20

Meine Familie

MAMA	Passt dieser Satz? Dann kreuze an!	PAPA
	1. hat mich lieb	
	2. hat viel zu tun	
	3. hilft mir, wenn ich etwas nicht schaffe	
	4. ärgert sich oft über mich	
	5. Ich ärgere mich oft über sie / über ihn.	
	6. liest mir manchmal vor	
	7. hat nicht oft Zeit für mich	
	8. kocht manchmal mein Lieblingsessen	
	9. freut sich, dass es mich gibt	

Geschwister *Passt dieser Satz? Dann kreuze an!*

	1. Ich mag meinen Bruder/meine Schwester gern.
	2. Mein Bruder/meine Schwester hält zu mir.
	3. Wir streiten oft.
	4. Wir spielen oft zusammen.
	5. Mein Bruder/meine Schwester ärgert mich oft.
	6. Ich bin froh, eine Schwester/einen Bruder zu haben.
	7. Meine Schwester / mein Bruder teilt mit mir.
	8. Ich wäre am liebsten allein mit den Eltern.

Ich habe keine Geschwister *Passt dieser Satz? Dann kreuze an!*

	1. Ich hätte gern eine Schwester / einen Bruder.
	2. Ich habe keine Geschwister, aber das ist mir egal.
	3. Ich bin froh, dass ich keine Geschwister habe.

Der Teddybär

»Lass meinen Teddy in Ruhe! Finger weg!«, herrscht Fiona ihren Bruder Elias an. »Du weißt doch, du hast Teddyverbot!« »Teddyverbot, Teddyverbot!«, äfft Elias sie nach. »Der Teddy geht schon nicht kaputt, wenn ich ihn mal anfasse!« »Elias, das haben wir doch besprochen,« mischt sich die Mutter ein. »Du weißt, deine Schwester liebt ihren Teddy. Sie spielt immer mit ihm und kann nicht einschlafen ohne ihn. Vieles gehört euch beiden, vieles müsst ihr teilen, aber der Teddy gehört ganz allein Fiona. Und weil du so oft – und gib es zu: mit Absicht, um Fiona zu ärgern – doch ihren Teddy genommen hast, deswegen hast du jetzt Teddyverbot. Lass ihn einfach sitzen. Du bist übrigens dran!«

Die Familie sitzt am Küchentisch und spielt Mensch-ärgere-dich-nicht. Mama, Fiona, Elias und der Teddy. Natürlich kann der Teddy nicht selber spielen, aber man braucht ja vier Leute für dieses Spiel, und Papa ist noch nicht da und Jimmy zu klein. So würfelt und zieht Fiona erst für sich, dann für den Teddy. »Ha, ha, jetzt werfe ich dafür den Teddy raus!«, lacht Elias, als er eine Fünf würfelt. »Das macht ihm nichts. Der Teddy ist ein guter Verlierer«, meint Mutter. Sie zieht ihre Figur und gibt Fiona den Würfel. Fiona ist kurz davor, das Spiel zu gewinnen. Sie braucht nur noch eine Zwei... Und – so ein Glück! Tatsächlich zeigt der Würfel eine Zwei! »Juhu! Gewonnen!« Fiona klatscht in die Hände. »Na fein!«, sagt die Mutter, »Und jetzt: Bettgehzeit!« »Bloß wegen diesem albernen Teddy!«, mault Elias mit finsterem Gesicht. »Ist doch klar, dass der Teddy dich nicht rauswirft.« »Hauptsache, jemand anders ist schuld!«, spottet Fiona. »Fiona, lass ihn in Ruhe!«, mahnt die Mutter und wendet sich an den Bruder: »Es ist ein Spiel, Elias. Du hast heute einfach kein Glück gehabt. Ist doch egal; vorgestern hast dafür du gewonnen.« »Ja, und gestern der blöde Teddy!« Elias lässt nicht locker. Mama lässt sich aber nicht ablenken: »Alle Verlierer, Gewinner und Teddys müssen jetzt ins Bett!« Die Kinder gehen ins Bad.

Elias ist als erster fertig und sitzt in seinem Bett. Da fällt sein Blick auf Fionas Teddy. »Blöder Teddy«, murmelt er. Er geht zu Fionas Bett und boxt dem Teddy vor lauter Ärger in den Bauch, einmal, zweimal und gleich noch einmal. »He!«, kreischt Fiona, die gerade hereinkommt. »Lass meinen Teddy, du saudummer Blöd-Bruder!« Aber jetzt ist Elias schon in Fahrt und streitlustig: »Wenn du saudumme Blöd-Schwester deinen saudummen Blöd-Teddy wiederhaben willst, dann musst du ihn dir schon holen!« Er greift den Teddy und springt durchs Zimmer. Eine Verfolgungsjagd beginnt, aber Fiona hat Elias schnell eingeholt und den Teddy gepackt. Nun ziehen sie beide am Teddy, und Fiona schreit: »Lass los! Lass endlich los, das ist mein Teddy!! Mama, Mama, komm! Der Elias lässt den Teddy nicht!« Fiona zerrt mit aller Kraft am Teddy, aber Elias lässt sein Bein nicht los. Da passiert es! Es macht: »Ritsch!« – und das Bein reißt ab!! Fiona hat den Teddy im Arm, ohne Bein. Elias steht mit dem abgerissenen Bein da. Beide bringen vor lauter Schreck erstmal kein Wort heraus. In diesem Moment erscheint Mama in der Tür. Sie sieht, was passiert ist, und schlägt die Hände über dem Kopf zusammen. »Elias! Nein!« Da fängt Fiona zu schreien und zu weinen an: »Nein, nein, mein Teddy ist kaputt! Mein Teddy, mein armer Teddy!« Heulend wirft sie sich mit dem kaputten Teddy auf ihr Bett. »Mein Teddy! Mein armer Teddy!«

Mama ist eigentlich eine geduldige Frau und nicht schnell böse, aber der Blick, der jetzt Elias trifft, ist vernichtend: »Bravo«, sagt sie kurz, »Bist du jetzt zufrieden? Dann kannst du ja jetzt gut schlafen.« Sie setzt sich an Fionas Bett und streichelt ihre schluchzende Tochter. »Schätzlein, das kann ich wieder richten«, tröstet sie. »Ich mach das gleich. In einer halben Stunde hast du den Teddy wieder ganz.« Aber Fiona schüttelt nur den Kopf und drückt den Teddy an sich. »Dann morgen!«, verspricht die Mutter und gibt Fiona einen Kuss. »Gute Nacht!« Nur Fiona gibt sie einen Kuss. Elias hat sich unter der Bettdecke verkrochen. Er will nicht sehen, dass Mama ihm keinen Gute-Nacht-Kuss gibt. Und Mama soll nicht sehen, dass er selbst bittere Tränen weint. Wie tut ihm das leid! Das wollte er doch nicht! Nach einer Weile hält er vorsichtig die Luft an und taucht leise unter der Bettdecke hervor. Da hört er Fiona immer noch weinen. Schnell zieht er sich wieder die Decke über den Kopf. Plötzlich merkt er, dass er immer noch das abgerissene Bein umklammert hält. Wie ein heißes Stück Eisen schleudert er es aus dem Bett.

Es folgen schlimme Tage. Mama zieht am nächsten Tag Elias in den Arm und sagt: »Du, da hast du wirklich einen Fehler gemacht.« Elias nickt. »Tut es dir leid?« Elias nickt wieder. »Dann geh zu deiner Schwester und sag ihr das!« Elias zögert, aber dann geht er entschlossen los, um Fiona zu suchen. Er findet sie am Küchentisch, sie macht gerade Hausaufgaben. »Schuligung«, murmelt Elias. Fiona reagiert nicht. »Entschuldigung!«, lässt er sich, etwas lauter, vernehmen. Fiona tut immer noch, als hätte sie nichts gehört. Elias kämpft mit sich, überwindet sich, ruft: »Ich wollte es doch nicht!« und rennt aus dem Zimmer. Bei Mama bricht er in Tränen aus: »Sie will es nicht hören!«, heult er. »Trotzdem gut, dass du es versucht hast! Bestimmt wird sie dir verzeihen! Sie ist halt wirklich sehr böse auf dich; vielleicht kannst du das sogar verstehen«, erklärt die Mutter. »Mach ihr eine Freude. Mal ihr ein Bild vom Teddy! Wär das was?« Schniefend verschwindet Elias im Kinderzimmer. – »Wie schreibt man «Teddybär? Mit E öder Ä?«, schallt es etwas später aus dem Kinderzimmer. »Beides!«, antwortet die Mutter, »erst E, dann Ä!«

Am nächsten Tag wacht Elias auf und hat Kopfweh. Er friert und schwitzt abwechselnd und fühlt sich elend. Als Mama am Morgen kommt, um die Kinder zu wecken, sieht sie sofort, was los ist. Sie fühlt Elias' Stirn und sagt: »Elias, du hast Fieber! Du bist krank! Bestimmt hast du dich bei Leon angesteckt! Bleib im Bett!« Das hätte sie nicht sagen müssen; Elias schläft schon wieder. Es geht ihm im Verlauf des Tages immer schlechter, am Abend hat er hohes Fieber. Fiona wird aus dem Kinderzimmer ausquartiert. Die Matratze und ihr Bettzeug werden in Jimmys Zimmer hinüber getragen, damit sie sich nicht ansteckt. Fiona steht daneben und schaut. Soll sie sich freuen, dass sie nicht mehr mit Elias im Zimmer schlafen muss? Auf dem Tisch im Kinderzimmer liegt noch das Bild, das Elias gemalt hat. »FÜA FIONA – DAS IS DAIN TÄDIBEA« hat er mit seiner krakeligen Erstklässler-Schrift darauf geschrieben. Fiona betrachtet das Bild und muss lächeln. Hat er doch das E und Ä verwechselt! Da steht ja noch etwas auf der Rückseite: »ÄNDSULDIK...« –»Ändsuldik?« Was meint er? »Ach: Entschuldigung!! Ach, Elias!« Am liebsten würde sie ihn umarmen, aber er liegt da wie ein Häufchen Elend und schläft tief. Ein tiefer Seufzer, dann schleicht sie aus dem Zimmer.

Am nächsten Morgen geht es Elias so schlecht, dass die Eltern sich ernsthaft Sorgen machen. Er mag nicht essen und, was viel schlimmer ist, auch nichts trinken. »Hoffentlich kann später die Ärztin kommen!«, meint der Vater. »So schwach habe ich Elias fast nie erlebt. Wenn er bis heute Abend nichts getrunken hat, müssen wir ihn ins Krankenhaus bringen...« Keiner achtet auf Fiona; niemand merkt, was sie für einen Kummer hat. »Mama, darf ich zu Elias?«, fragt sie leise. »Auf keinen Fall!«, bestimmt die Mutter und wendet sich wieder dem kleinen Jimmi zu. Der merkt nichts von dem ganzen Unglück und muss gewickelt werden.

Mama ist mit Jimmi beschäftigt; der Papa telefoniert mit der Arztpraxis. Schnell wirft Fiona einen Blick um sich. Dann huscht sie in die Küche, wo sie einen Becher mit Wasser füllt. Sie holt extra noch ein paar Eiswürfel aus dem Gefrierfach und fischt einen gelben Strohhalm aus der Schublade. Dann schleicht sie ins Kinderzimmer. Elias liegt ganz schwach im Bett, ist aber wach. »Elias!«, flüstert Fiona, »du musst etwas trinken! Bitte! Hier hab ich kaltes, klares Wasser für dich. Das tut dir gut. Probier einen Schluck!« Elias dreht sich mühsam zur Seite, und Fiona hält ihm den Strohhalm hin. Tatsächlich: Elias trinkt ein paar Schluck. »Tut gut«, murmelt er, »Danke.« Dann flüstert er noch etwas, Fiona versteht es erst nicht. »Sag's nochmal,« bittet sie. »Auf dem Tisch, ...da liegt ein Bild für dich... da steht was ... auf der Rückseite...«

M 21c

Fragebogen

1. Wie alt bist du?

2. Wie groß bist du?

3. Welche Augenfarbe hast du?

4. In welche Klasse gehst du?

5. In welcher Straße wohnst du?

6. Deine Lieblingsfarbe?

7. Dein Lieblingstier?

8. Dein Lieblingslied?

9. Dein Lieblingsfilm?

10. Dein Lieblingsfach in der Schule?

11. Wie heißen deine Freundinnen und Freunde?

12. Nenne 3 Dinge, die du gerne magst!

13. Nenne 3 Dinge, die du nicht magst!

14. Was würdest du dir wünschen, wenn du 3 Wünsche frei hättest?

M 23a

Familienrat

Ingrid erzählt eigentlich selten etwas von der Schule. Wenn Mama oder Papa beim Abendessen fragen: »Wie war es in der Schule?«, bekommen sie immer dieselbe Antwort: »Schön.« Ihr älterer Bruder Fabian, der in die vierte Klasse geht, findet die Schule nicht mehr so schön wie Ingrid. Der antwortet auf dieselbe Frage immer: »Normal.« So oder so, jedenfalls erzählen sie nicht viel, so dass kürzlich die Mutter schon lachend sagte: »Wenn eure Schule abbrennen würde, würde ich es wahrscheinlich in der Zeitung lesen und nicht von euch erfahren...«.
Doch heute kann es Ingrid kaum erwarten, bis alle da sind, denn sie hat im Religionsunterricht etwas gehört, das sie unbedingt den anderen erzählen will. »Ich habe etwas zu sagen!«, verkündet sie, »Wir machen einen Familienrat!« – Mama, Papa und Fabian schauen sie an. Alle drei sind verblüfft, weil sie ihre kleine Ingrid so gar nicht kennen. »Ich lese euch das vor:«, sagt Ingrid, »Hört mal zu!...
(Nun wird das Blatt: »Familienrat« (M 23b) vorgelesen)
Mama, Papa und Fabian schauen sie immer noch an und staunen. Schließlich sagt Papa: »Alle Achtung! Ich wusste gar nicht, wie gut du schon lesen kannst.« »Papa! Das ist ja nett, dass du mir das sagst, und es stimmt auch, aber das ist doch jetzt nicht wichtig!«, wendet Ingrid ein. »Los, sagt schon! Wie findet ihr die Idee? Machen wir das?« »Ich bin dafür!«, sagt Mama, »Das hört sich doch gut an!« »Mir gefällt die Idee auch«, stimmt Papa zu. »Ich weiß auch schon ein Thema: Der Opa hat doch bald Geburtstag, und ich weiß nicht, was wir ihm schenken sollen.« »Familienrat. – Ich weiß nicht«, Fabian ist nicht begeistert. »Muss ich da früh aufstehen? Ist das nicht komisch? In einer Familie trifft man sich doch sowieso, da muss man doch keine Uhrzeit ausmachen.« »Gerade weil man sich sowieso oft sieht, nimmt man sich doch nie Zeit, um etwas in Ruhe zu besprechen«, meint die Mutter, »Lasst es uns doch einfach probieren! Und damit Fabian ausschlafen kann, schlage ich vor, dass wir uns am Samstag nach dem Mittagessen um 14 Uhr treffen. In Ordnung, Ingrid?« Ingrid strahlt. Dass die Familie sich für ihren Vorschlag interessiert, freut sie riesig. »Man braucht noch ein Pinbrett dafür,« erklärt sie, »wo man die Zettel hin hängen kann.« »Da habe ich eins übrig«, sagt Fabian und holt es gleich. Mama hängt es auf, so dass es jeder sehen kann, und Ingrid befestigt ihren Zettel daran. Vorher hat sie noch mit großen bunten Buchstaben »Familienrat« darüber geschrieben.
Nun kann Ingrid den Samstag kaum erwarten. Jeden Tag sieht sie ans Pinbrett. Vaters Zettel hängt schon da, mit der Aufschrift: »Was schenken wir Opa zum Geburtstag?« Dann ist von Fabian ein Zettel da, auf dem steht: »Ich will ein neues Fahrrad!« Und schließlich, am Samstagmorgen, o weh! kommt noch von der wütenden Mama ein Zettel dazu, auf den sie nur ein Wort mit fetten Buchstaben geschrieben hat: »AUFRÄUMEN!!!« – »Das kann ja was werden!«, seufzt Fabian, als er es liest.
Aber auch er ist pünktlich am Samstag um 14 Uhr zur Stelle. »Der Familienrat geht los!«, ruft Ingrid. »Denkt an die Regeln! Jeder kommt dran! Jeder darf ausreden! Beleidigen ist verboten! Alles klar?« »Ja!« – Im ersten Durchgang soll jeder etwas Schönes sagen. Ingrid findet es natürlich am besten, dass ihre Idee mit dem Familienrat so gut angekommen ist. Papa findet das auch. Mama hatte sich am meisten darüber gefreut, dass sie das Buch, in dem sie gerade liest, wiedergefunden hat. »Eine Woche habe ich es gesucht!«, berichtet sie, »und es war hinter dem Nachtkästchen eingeklemmt. Vielleicht hat es die Katze dahinter gestoßen.« Fabian hat vergessen, sich etwas auszudenken. »Das ist aber schade,« sagt die Mama, »denn das finde ich gerade schön, dass der Familienrat gut anfängt.« »Du sagst halt später etwas«, schlägt Ingrid vor, »Und nun beginnt die Meckerrunde: Was war blöd?« – »Die Arbeit!«, brummt der Vater, »Aber da könnt ihr nichts dafür.« »Die Schule!«, brummt Fabian und rückt damit heraus, dass er eine vier in der Mathe-Probe hatte. Mama sagt nichts, sie tippt nur mit finsterer Miene auf ihren Zettel. Ingrid beschwert sich: »Aufräumen! Das hat mich auch am meisten geärgert. Ich finde es doof, dass du immer über die Unordnung schimpfst!« – »Das ist wahr!«, stimmt ihr Fabian zu, »Die Mama hat einen Putzfimmel!« »Moment mal, keine Beleidigungen!« Jetzt schreitet der Vater ein. »Ihr werdet doch wohl einsehen, dass sauber gemacht werden muss, oder?« »Ja, schon, aber nicht

so oft!«, mault Ingrid. »Wie oft würdet ihr denn aufräumen?«, fragt die Mama, »Euer Zimmer ist doch schon wieder ein Saustall...!« – »Keine Beleidigungen!«, rufen Fabian und Ingrid wie aus einem Mund. Da muss die Mama grinsen. Nach einer Weile einigen sie sich aber tatsächlich: Unter der Woche dürfen Fabian und Ingrid machen, was sie wollen, und am Samstagvormittag helfen sie zusammen und räumen auf. Damit sind alle zufrieden. Noch schneller finden sie ein Geschenk für den Opa. Ingrid hat vorgeschlagen, ihn auf einen gemeinsamen Ausflug mit dem Schiff einzuladen, und davon sind alle begeistert. Nun fehlt noch das Rad für Fabian, und das ist schwierig, denn Geburtstag und Weihnachten sind noch weit, aber sein Rad ist ihm wirklich zu klein.

»Aber das ist zu teuer, um einfach so nebenbei ein neues Rad zu kaufen«, meint Mama, »Das musst du leider einsehen.« »Wie wäre es, wenn wir nach einem gebrauchten Rad Ausschau halten?«, schlägt Papa vor. »Wir kaufen so eine Zeitung mit Kleinanzeigen, und am nächsten Wochenende kümmern wir uns darum.« »Mann, Papa, das wäre super!«, freut sich Fabian. So geht der erste Familienrat zu Ende. »Halt!«, sagt Ingrid, »Fabian, du musst noch etwas Gutes sagen!« Da muss Fabian nicht mehr lange überlegen: »Der Familienrat war klasse!«

M 23b

Familienrat

1. Wer?
Die ganze Familie ist dabei!

2. Wann?
Der Familienrat findet einmal in der Woche statt, am besten am Wochenende.

3. Wo?
Der Familienrat trifft sich an einem gemütlichen Ort, wo alle sitzen können und es einen Tisch gibt.

4. Was?
Besprochen wird alles, was für die Familie wichtig ist.
Zum Beispiel: Was unternehmen wir am Wochenende? Es muss eine neue Sache angeschafft werden, z.B. ein Sofa. Wo wird welches gekauft? Wie wird Geburtstag/Weihnachten gefeiert? Aber auch: Probleme in der Schule oder mit Freunden, Ärger in der Familie, und so weiter.

5. Wie?
Die Vorschläge werden die Woche über gesammelt, aufgeschrieben und an ein Pinbrett gehängt. Als erstes erzählt jeder eine Sache, die ihn besonders gefreut hat in der Woche. Danach sagt jeder etwas, was ihm in dieser Woche nicht gut gefallen hat. Dann werden die Vorschläge besprochen. Jeder kommt dran. Jeder darf ausreden! Beleidigen ist verboten. Der Familienrat dauert so lange, bis eine Lösung gefunden ist, mit der alle einverstanden sind.

Leos Garten

»Was ist los?« Leo steht vor Elisabet, die wie ein Häufchen Elend vor der Schule hockt. »Warum gehst du nicht nach Hause?« »Ich will nicht heim.« Elisabet murmelt das leise und traurig. »Warum, nun sag schon!« Leo lässt nicht locker. »Es ist…« – Elisabet kämpft mit den Tränen. »Weil, meine Eltern haben sich getrennt! Mein Papa ist weg, und meine Mama heult den ganzen Tag nur. Und ich mag es nicht, wenn sie heult. Ich bin ja selbst so traurig. Ich kann sie nicht trösten und sie kann mich nicht trösten. Und Papa kann uns auch nicht trösten, denn der ist ja nicht mehr da.« Nun ist es heraus. Elisabet schluckt. Den ganzen Tag kann sie an nichts anderes denken, und immer muss sie fast weinen. Wie soll das bloß weitergehen? »Oh, deswegen sitzt du da«, sagt Leo mitfühlend und setzt sich neben Elisabet. »Das ist blöd. Das ist wirklich blöd. – Weißt du, warum ich das gut verstehen kann?« Elisabet schaut Leo an und nickt: »Bei dir war das auch so, oder?« »Mhm, vor zwei Jahren. Mein Papa hatte eine neue Freundin und hat meine Mama verlassen. Das war auch nicht schön, wirklich nicht. Aber, ehrlich, noch viel schlimmer war die Zeit davor. Meine Eltern haben fast jeden Tag gestritten. Oh, wie ich das gehasst habe! Ich war im Kinderzimmer und habe versucht, mir die Ohren zuzuhalten. Dann bin ich zu ihnen in die Küche gelaufen und habe sie angebrüllt, dass sie aufhören sollen zu streiten. Aber sie haben nicht auf mich gehört. Ehrlich: Als mein Papa weg war, war ich auch traurig. Ich habe ihn vermisst. Aber: Das Streiten und Herumschreien, das habe ich nicht vermisst, echt nicht! Da gibt es doch so einen Spruch: ›Lieber ein Ende mit Schrecken als ein Schrecken ohne Ende!‹« Leo muss grinsen, weil der Spruch gar so gut passt. Auch Elisabet lacht, fast, ein bisschen.

»Und noch etwas: Heute ist das wirklich gut!«, erzählt Leo weiter. »Meiner Mama geht es wieder gut, sie hat auch einen neuen Freund, der ist echt nett. Und er hat einen Sohn. Das ist jetzt mein Halbbruder, und wenn der zu Besuch kommt, freu ich mich wirklich, weil man mit dem tolle Spiele machen kann. Meinen Papa seh' ich oft am Wochenende, und dann hat er richtig Zeit für mich und wir unternehmen etwas Schönes miteinander. Doch, wirklich: Heute ist das alles wieder gut. Anders halt, aber eigentlich… sogar besser als früher, weil eben das Streiten vorbei ist. Haben deine Eltern auch gestritten?« »Und ob!«, Elisabet verdreht die Augen. »Ich habe es, genau wie du, mit Ohren zu halten versucht, aber die waren zu laut. Ich musste es immer mit anhören, und ich hab es auch gehasst! Es war nicht zum Aushalten!«
»Weißt du, mir hat meine Oma geholfen. Meine Oma hat einen Garten, ganz in der Nähe. Da bin ich oft zu Besuch gewesen. He, Elisabet, komm doch du auch in den Garten! Da ist es schön! Es gibt ein Häuschen und eine Schaukel, zwei Apfelbäume, einen Kletterbaum, ein Beet…« Leo zieht aus seiner Schultasche den Rechenblock und das Federmäppchen heraus und beginnt, den Garten zu zeichnen. »Und das Beste ist: Meine Oma hat einen Hund, eine Dackel-Dame, die Miss Suri!« »Ich mag Tiere total gern!«, sagt Elisabet und schaut Leo beim Malen zu. »Aber egal, ob mit Hund oder ohne: Ich wäre tatsächlich froh, wenn ich ab und zu zu Besuch kommen könnte, …wenn daheim zu viel geheult wird.« »Am besten gleich heute!«, lädt Leo sie ein, reißt das Blatt ab und gibt es Elisabet. »Schau: ›Leos Garten‹ hab ich darüber geschrieben und die Adresse!« »Danke! Vielen Dank!«, lächelt Elisabet. »Ja dann: Bis später!«

M 25

Gott ist da!

**Wenn Menschen
sich helfen.**

Wenn Menschen sich gut verstehen.

**Wenn Menschen zugeben, dass sie etwas
falsch gemacht haben.**

Wenn Menschen sich versöhnen.

**Wenn Menschen in
Frieden leben.**

M 26

Osterruf

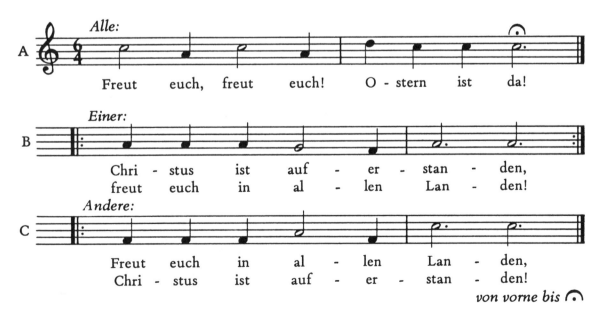

Christa Linke
Aus: Christa Linke, Lieder für uns.
© Verlag Ernst Kaufmann, Lahr

M 27

M 28

Die Weihnachtsgeschichte aus der Sicht Marias

Maria und Elisabeth
(nach Lk 1,5–25 und 57–66)

Maria erzählt:
Elisabeth, ich grüße dich! Wie schön, du bekommst ein Kind, genau wie ich. Zacharias, dein Mann, freut sich genauso sehr wie du. Das hätte keiner gedacht, dass ihr ein Kind bekommt, ihr seid ja schon ziemlich alt und habt niemals Kinder bekommen, obwohl ihr es euch so gewünscht habt. Ihr habt gewartet, so lange gewartet auf ein Kind. Ihr hattet es eigentlich schon aufgegeben. Aber ich weiß, auch ihr habt ganz fest daran geglaubt, dass Gott bei euch ist und dass er alles gut macht. Und nun ist es bald soweit! Ich freue mich für euch! Ich freue mich mit euch! Du wirst einen Sohn bekommen, er soll Johannes heißen. Er wird ein besonderer Mensch sein, Gott hat etwas vor mit ihm. Ich weiß, dass auch für mein Kind Gott eine große Aufgabe hat. Was das sein wird? Wie das werden wird? Ich weiß es nicht. Aber Gott wird mir helfen, das weiß ich.

Maria und Josef (nach Lk 1 und 2)

Maria stöhnt:
Josef, bitte, halte an! Ich brauche eine kurze Pause! Oh, das Kind kommt bestimmt bald. Ich bin ja froh, dass ich nicht gehen muss, aber auf dem Esel zu reiten ist auch anstrengend. Nur eine kleine Pause, dann geht es schon wieder. Wir sind ja auch bald da, dort ist Betlehem schon zu sehen. Dort müssen wir hin, weil der Kaiser von Rom alle Menschen in seinem riesigen Reich zählen und in Steuerlisten eintragen lassen will. So mussten wir von Nazareth hierher kommen, und das gerade jetzt, wo ich ein Kind erwarte.
Du möchtest mich hier ausruhen lassen und nach Betlehem vorgehen, um einen Platz zum Übernachten für uns zu finden? Das ist lieb von dir, tu das. Ich warte hier auf dich.

Maria wartet
Josef, da bist du ja wieder! Du schaust nicht sehr glücklich aus. Du hast nichts gefunden? So viele Menschen sind in Betlehem und kein Platz in der Herberge ist mehr frei? Das glaube ich, dass du überall gefragt hast. Und die Menschen hatten kein Mitleid mit mir? Wie, du meinst, sie wollten keine Frau, die ein Kind bekommt? Oh, diese herzlosen Leute! Nein, ich nehme es zurück, du hast Menschen getroffen, die ein Herz haben. Sie haben uns einen Stall angeboten, dort können wir hin. Das ist schön, Josef. Das macht mir auch gar nichts, dass es ein Stall ist. Wir sind doch arme Leute, das passt sogar besser als so ein feines Haus, findest du nicht? Lass uns hingehen. Danke, dass du dich so kümmerst.

Maria wickelt ihr neugeborenes Kind in Windeln und legt es vorsichtig in die Krippe:
Lieber Gott, nun ist mein Kind auf die Welt gekommen! Jesus! Es ist gut, dass du da bist! Gott, warum ist gerade mein Kind etwas Besonderes? Wir sind doch arm. Im Stall ist Jesus geboren. Gott, ich weiß nicht, was passieren wird. Aber ich weiß, dass du bei mir bist und bei Jesus, und immer bei uns sein wirst.

Maria begrüßt die Hirten:
Ihr Hirten, ich grüße euch! Ihr wollt zu uns? Ihr wollt das Kind anbeten? Das haben euch Engel gesagt und euch hierher in den Stall geschickt? Was haben die Engel gesagt? »Fürchtet euch nicht! Ich bringe euch eine gute Nachricht, über die ihr euch freuen werdet! Und mit euch wird sich ganz Israel freuen. Denn heute wurde in Betlehem euer Retter geboren: Jesus Christus. Daran könnt ihr ihn erkennen: Er liegt in Windeln gewickelt in einer Krippe.« – Das sind sehr schöne Worte. Ich werde sie mir merken. Und da kommen ja noch drei Besucher! Sie sehen aus, als ob sie von weit her kommen. Wollen die auch zu uns?

M31

Marias Geschichte geht weiter

Maria sucht Jesus überall
Habt ihr ihn gesehen? Als wir in Jerusalem zum Passahfest waren, war er noch bei uns. Gestern sind wir aufgebrochen, um uns auf den Heimweg nach Nazaret zu machen, und nun ist er nicht mehr da. Er ist doch erst zwölf Jahre alt. Wir sind schon kilometerweit gegangen. Alle sind da, nur Jesus nicht. Josef, du hast ihn auch nicht gesehen? Ich mache mir so Sorgen!

Josef, weißt du noch – da habe ich mir auch große Sorgen gemacht: Als Jesus gerade geboren war und wir noch in Betlehem waren, da kamen die drei Sterndeuter zu Besuch. Sie waren beim König Herodes gewesen und hatten nach einem neugeborenen König gefragt. Und Herodes hatte Angst, dass dieses Kind später einmal seinen Königsthron bekommen könnte. Oh, Herodes! So ein König ist Jesus doch nicht! Aber vor lauter Angst befahl er, dass alle kleinen Kinder getötet werden sollten. Aber Gott hat uns beschützt, Josef! Ein Engel hat dich im Traum gewarnt und wir sind noch in derselben Nacht geflohen, nach Ägypten, wo uns Herodes nicht finden konnte. Habe ich mir damals Sorgen gemacht! Ich glaube, Mütter machen sich immer Sorgen um ihre Kinder. Väter auch, sagst du. Josef, es hilft nichts, wir müssen morgen zurück nach Jerusalem und Jesus dort suchen.

Maria und Josef kehren nach Jerusalem zurück.
Wo haben wir Jesus zuletzt gesehen? Das war doch im Tempel. Es gibt nur den einen Tempel im Land, das ist das heilige Haus Gottes. Ich hatte schon das Gefühl, dass Jesus der Tempel sehr gut gefallen hat, er wollte gar nicht mehr weg. Vielleicht können wir dort jemanden fragen, ob er Jesus gesehen hat. Josef! Da sitzt er ja! Schau dir das an, mitten unter den Schriftgelehrten! – Josef, hör dir das an! – Er spricht mit den Schriftgelehrten wie ein Erwachsener! Was er ihnen für Fragen stellt! Er liest aus der Bibel vor und erklärt den Schriftgelehrten, wie das gemeint ist! Er ist erst 12 Jahre alt! – Das stimmt, Josef: Da staunen nicht nur wir. Alle Menschen, die in der Nähe sind, schauen auf Jesus und sind beeindruckt.

Und dass er uns Eltern seit zwei Tagen nicht gesehen hat, scheint ihm gar nichts auszumachen. Josef, ich glaube fast, es dauert nicht mehr lang, und Jesus braucht uns nicht mehr. Gott braucht Jesus für seine große Aufgabe. Ist es schon soweit?

M 32

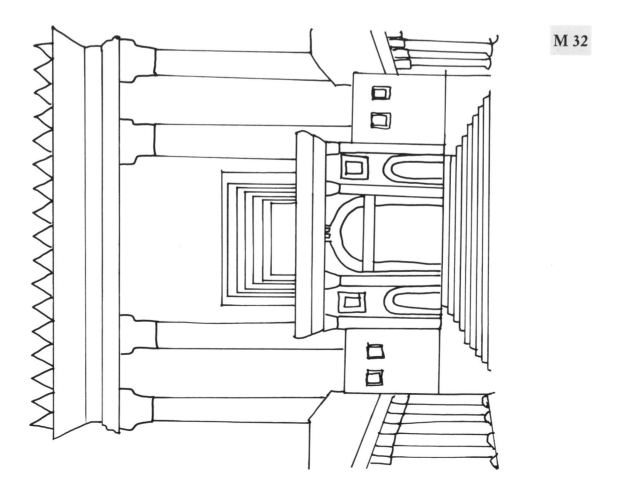

M 33

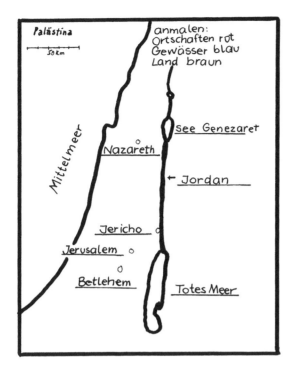
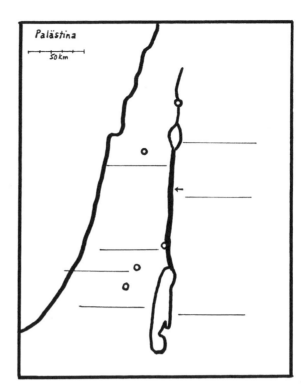

M 34

Früher hieß das Land _____,
heute heißt es _____. Es ist _____ dort und
_____ selten. Die Landschaft ist _____
und steinig. Am See Genezaret und im Jordantal ist
_____.

M 35d

Religion zur Zeit Jesu

Jesus und die Menschen in Palästina waren Juden.
Sie glaubten an Gott. In der heiligen Schrift, der Thora, steht viel über Gott geschrieben.
An viele Gebote und Regeln musste man sich halten.
Das wurde damals sehr streng befolgt. Das Reinheitsgebot schrieb auch vor, dass man mit bösen und kranken Menschen nichts zu tun haben durfte, denn die galten als unrein.
Der Feiertag der Woche heißt Sabbat. Die Juden feiern Gottesdienst in der Synagoge. Das größte Fest ist das Passafest.

M 35a

Leben in der Familie

»Aufstehen, Kinder!«, weckt die Mutter Judit und Amos. Die Kinder tun zwar beide, als hätten sie es nicht gehört, aber schließlich stehen sie doch auf. Sie schlafen auf Matten, die tagsüber zusammengerollt werden. Das kleine Haus hat nur ein Zimmer, in dem bei schlechtem Wetter gegessen, gekocht, gearbeitet und geschlafen wird. Meistens ist es aber warm in Palästina. Das Feuer brennt vor dem Haus. Die Mutter hat sich schon wieder an die Arbeit gemacht. Jeden Morgen mahlt sie aus Körnern Mehl und bäckt frisches Brot. Zwischen zwei Steinen werden die Körner zerrieben, das ist eine mühsame Arbeit. Doch da es im Jahre 0 keinen Kühlschrank gibt, kann man Essen schlecht aufheben. Auch ein Ofen ist noch lange nicht erfunden. Wie kann man denn dann backen? Ein großer, flacher Stein wird im Feuer sehr heiß gemacht. Darauf legt die Mutter den Teig; das dünne Fladenbrot sieht so ähnlich aus wie ein Pizzabrot.

Bevor sie essen, spricht der Vater das Gebet. Dreimal am Tag zu beten wird in keiner jüdischen Familie vergessen. In anderen Ländern beten die Menschen viele Götter an, die Römer z.B. Jupiter, Merkur und viele andere. Die Juden jedoch glauben wie wir an einen, unsichtbaren Gott. Die Religion ist für ihr Leben sehr wichtig. – Doch nun lässt es sich die Familie schmecken, sie sitzen auf dem Boden um einen niedrigen Tisch herum. Zum Frühstück gibt es außer Brot Milch in Bechern aus Ton und Früchte, z.B. getrocknete Feigen. Tagsüber, wenn es heiß ist, wird nur etwas Brot gegessen und Wasser getrunken, dafür gibt es am Abend ein warmes Essen. Oft ist es Fisch, selten Fleisch, das im Feuer gebraten wird. Dazu reicht die Mutter Gemüse und Brot. Sie trinken Wasser oder Wein.

Nach dem Frühstück macht sich der Vater an die Arbeit: Er ist Zimmermann und stellt Dinge aus Holz her: Tische, Truhen oder Hocker. Neben dem Haus hat er sich eine kleine Werkstatt gebaut. Er benutzt einfache Werkzeuge aus Holz und Metall: eine Axt, eine Säge, auch Hammer und Nägel gibt es. Es steht schon fest, dass sein Sohn Amos diesen Beruf von ihm lernt. Das ist damals so üblich.

Was macht die Mutter tagsüber? Damals haben Frauen keinen Beruf, sie kümmern sich um die Kinder, um die Tiere, um das Haus und den Garten. Ohne elektrische Geräte ist das viel mehr Arbeit als heute. Eine Wasserleitung gibt es nicht, so dass täglich vom Brunnen in Krügen Wasser geholt werden muss. Dabei hilft Judit der Mutter, wie alle Mädchen. Sie hat auch die Aufgabe, Brennholz zu sammeln. Die Mutter kauft derweil auf dem Markt ein: Zwar gibt es Münzen, oft wird aber auch getauscht. Heute hat die Mutter ein Huhn dabei und braucht einen Krug Öl.

Wenn Judit ein neues Gewand braucht, muss alles selbst gemacht werden: Aus der Wolle wird ein Faden gesponnen, aus dem webt die Mutter einen Stoff, zuletzt näht sie selbst die Kleidung. Gewaschen wird am Fluss oder im Waschhaus des Dorfes mit Brunnenwasser. Jede Familie baut hinter dem Haus oder auf einem Stück Land selbst Obst und Gemüse an, auch Tiere hat fast jeder: Schafe oder Ziegen, ein paar Hühner, vielleicht einen Esel. Die Jungen gehen in die Schule; das dürfen die Mädchen damals nicht. Die Schule ist aber mit der Schule von heute nicht vergleichbar. Die Buben kommen zur Synagoge, dort sitzen sie auf dem Boden um den Lehrer herum. Sie haben weder Stifte, noch Bücher oder Hefte. Sie lernen Gebote aus der Thora auswendig, indem der Lehrer eine Zeile vorspricht und die Kinder sie solange wiederholen, bis sie sie auswendig können. Sie lernen auch, in der Thora zu lesen. Es wird aber in der Schule nicht geschrieben, nicht gerechnet, nicht gemalt, es gibt keinen Heimat- und Sachunterricht und keinen Sport. Am Abend sitzt die Familie beim Essen. Alle erzählen, was sie am Tag erlebt haben. Amos sagt auf, was er in der Schule gelernt hat. Danach müssen die Kinder schlafen. Das ist vor 2000 Jahren genauso wie heute. Gute Nacht!

Judit füttert die Hühner.	Amos füttert die Ziegen.	Der Vater trifft am Abend seine Freunde.	Die Mutter kauft auf dem Markt Öl und Korn.
Judit holt Wasser vom Brunnen.	Amos geht in die Synagoge, um Lesen zu lernen.	Der Vater ist Zimmermann. Er baut Dinge aus Holz.	Die Mutter baut Gemüse im Garten an.
Judit hilft der Mutter im Haus.	Amos hilft Vater in der Werkstatt.	Der Vater spricht das Gebet vor dem Essen.	Die Mutter webt Stoff für ein Kleid.
Judit darf nicht lesen lernen.	Amos wird Zimmermann werden wie sein Vater.	Vater bekommt Geld für einen Tisch. Oft wird getauscht.	Die Mutter mahlt Mehl und backt Brot.

Tochter Judit	Sohn Amos	Mutter	Vater

M 35c

Die jüdische Religion

Am Abend sitzt die Familie vor dem Haus beieinander. Sie grüßen die Nachbarn, die auch herausgekommen sind, um im Schein der Abendsonne den Tag ausklingen zu lassen. Die Arbeit ist getan und bald, wenn es dunkel ist, werden alle Dorfbewohner das Abendgebet sprechen und schlafen gehen.
»Nun, Amos, was habt ihr heute in der Synagoge gelernt? Habt ihr wieder in der Thora, der Heiligen Schrift, gelesen?«, fragt die Mutter.
»Ja, und der Rabbi hat uns erklärt, dass es sehr wichtig ist, dass wir die Gebote befolgen«, antwortet Amos. »Die Gebote kommen von Gott, er hat sie uns gegeben, und nur, wer sich daran hält, den hat Gott lieb. Das hat er gesagt.« »Und welche Gebote kennst du?«, fragt die Mutter weiter. »Das Reinheitsgebot kenne ich schon gut«, meint Amos. »Jetzt weiß ich, warum du niemals Schweinefleisch für uns kochst.« »Ja, die Schweine sind für uns unreine Tiere«, mischt sich der Vater ein. »Du siehst gleich, ob jemand ein Jude ist und an Gott glaubt. Wer nicht das Reinheitsgebot beachtet und Schweinefleisch isst, so wie zum Beispiel diese schrecklichen Römer, der glaubt nicht an Gott, und das ist übel! Mit diesen Römern wollen wir nichts zu tun haben! Würden sie nur endlich wieder aus dem Land verschwinden!«
Das hat der Nachbar gehört und er stimmt zu: »Dass wir diese unreinen Menschen im Dorf haben, ist ja schon ärgerlich, aber dass wir an sie so viel Steuern zahlen müssen, ist das allerschlimmste! Jedes Mal, wenn ich in Jericho etwas verkaufe, muss ich Zoll bezahlen, und zwar nicht zu knapp!« »Ah! Wenn du von Zoll redest…!« Nun wird der Vater richtig laut und wütend. »Da muss ich gleich an diesen Zöllner Zachäus denken! Ich sag euch etwas, Kinder: Noch viel, viel schlimmer als die Römer sind die Zöllner! Das sind Juden wie wir, die in diesem Land geboren sind und unsere Sprache sprechen; man müsste denken, dass sie zu uns halten müssten. Aber nein!! Sie arbeiten mit den Römern zusammen! Sie nehmen den Zoll für sie ein und ziehen uns das schwer verdiente Geld aus der Tasche. Also, mit den Römern reden, die unrein sind, das ist verboten. Aber mit den bösen Zöllnern reden, das ist noch zehnmal mehr verboten und noch zehnmal mehr unrein!« »Ich hasse den Zöllner Zachäus auch«, beschwichtigt die Mutter. »Aber nun reg dich nicht auf, es hilft ja nichts. Lass uns von etwas anderem reden.«
»Ich weiß noch etwas über das Reinheitsgebot«, sagt Amos. »Auch kranke Menschen sind unrein. Weil ihre Krankheit eine Strafe von Gott ist, dafür, dass sie etwas Böses getan haben.« »Der Bauer Jona, der draußen vor dem Dorf lebt, der hat aber bestimmt nichts Böses getan. Ich kenne ihn von früher.« Das wendet die Nachbarin ein. »Was hat der Bauer Jona?«, fragt Judit. »Er ist ein Aussätziger, wie die anderen, die dort leben und nicht mehr ins Dorf kommen dürfen. Das ist eine schlimme Hautkrankheit, die nicht heilt«, erklärt die Mutter und stimmt der Nachbarin zu: »Es ist wahr, der Bauer Jona ist kein böser Mensch. Vielleicht hat sein Vater etwas Böses getan, das kann ja sein. Aber mir tut er auch leid. Immer, wenn man dort in der Nähe vorbeigeht, muss er rufen: ›Unrein!‹, damit ihm keiner zu nahe kommt. Er darf auch nicht am Sabbat in die Synagoge kommen.«
»Jonas Sohn geht auch in der Synagoge zur Schule«, erzählt Amos. »Er kennt sich gut aus. Er hat gewusst, warum der Sabbat unser Feiertag ist: Gott hat die Erde in sechs Tagen erschaffen, und am siebten Tag ruhte er aus. Deswegen sollen auch wir uns ausruhen, nicht arbeiten und nicht lernen, kein bisschen, den ganzen Tag lang.« »Wir sollen an Gott denken und dankbar sein und miteinander feiern und auch ausruhen«, weiß Judit. Sie mag den Sabbat gern. »Darf man am Sabbat denn zum Beispiel jemand helfen und etwas Gutes tun?«, fragt sie. »Nein, wenn es Arbeit ist und das bis zum nächsten Tag Zeit hat, dann nicht!«, bekräftigt der Vater. »Es darf nicht sein, dass wir uns ein bisschen an die Gebote halten. Wer immer wieder kleine Sachen falsch macht, z.B. wenig arbeitet am Sabbat, der arbeitet beim nächsten Mal etwas mehr und am Schluss nimmt er das Sabbatgebot gar nicht mehr ernst. Gott will aber, dass wir die Gebote streng befolgen! So zeigen wir, dass wir das tun, was Gott will. Amos, Judit: Ich hoffe sehr, dass ihr das beachtet als gute jüdische Kinder!«

M 36b

Zachäus

Alle hassen den Zöllner Zachäus,
denn er ist böse und betrügt.

Zachäus ändert sich, weil
Jesus gut zu ihm ist.

M 36a

© Kees De Kort

M 37

Zachäus

1. Zachäus, böser reicher Mann, was hast du denn getan? Wo kommt das viele Geld denn her in deinem Beutel groß und schwer? Zachäus, Zachäus, du böser, reicher Mann!

2. Zachäus, armer reicher Mann,
dich schaut ja keiner an!
Die Leute haben dich nicht lieb,
geh weg von uns, du böser Dieb!
Zachäus, Zachäus, du armer reicher Mann!

3. Zachäus, kluger kleiner Mann,
jetzt fängst du's richtig an!
„Laßt ihr mich nicht hier bei euch stehn,
vom Baum aus kann ich Jesus sehn!"
Zachäus, Zachäus, jetzt fängst du's richtig an!

4. Zachäus, froher kleiner Mann,
dein Heiland sieht dich an!
„Läßt du mich in dein Haus hinein,
dein Gast will ich noch heute sein!"
Zachäus, Zachäus, du froher kleiner Mann!

Text: Marianne Stoodt
Melodie: Seminargruppe Frankfurt
aus: Watkinson, 111 neue Kinderlieder
© Verlag Ernst Kaufmann, Lahr;
Christopherus-Verlag, Freiburg

M 38a

Die Rettung der Meerschweinchen

In dem großen Haus am Ende der Straße wohnen viele Leute. Die Familie Biller, mit den Kindern Max und Laura, wohnt im Erdgeschoss. Sie haben sogar ein kleines Stück Garten für sich. Es wohnen noch einige andere Familien im Haus, so dass am Nachmittag auf dem Spielplatz im Hof immer etwas los ist. Ein toller Spielplatz ist das; das Klettergerüst sieht wie ein Schiff aus. Da kann man Piraten spielen. Laura, Max und noch vier Kinder hängen in den Seilen! »Der Sturm wird immer schlimmer!«, ruft Laura. »Das Schiff geht gleich unter!«

»Wir müssen Ballast abwerfen!«, schreit Max und kippt die Sandeimer über Bord. »Mann über Bord! Hilfe! Mann über Bord!«, brüllt Laura, denn Sebastian ist abgesprungen. Doch er schwimmt um sein Leben und erreicht das rettende Schiff. »Hurra! Hurra!« Max ist außer sich vor Freude, »Unser Kapitän ist...« – Doch da kommt ein wirkliches Donnerwetter, vom Balkon im ersten Stock: »Müsst ihr denn immer so rumschreien? Ruhe! Sonst beschwere ich mich bei der Hausverwaltung!«, schimpft eine ältere Dame wütend. Die Kinder sehen sich an und ver-

drehen die Augen. »Die schon wieder!«, seufzt Max. Es ist Frau Lenz, die ausgerechnet über ihnen wohnt und ausgerechnet Kinder nicht mag. Fast jeden Tag erscheint sie auf dem Balkon und beschwert sich, und wehe, es fliegt mal ein Ball auf ihren Balkon. Den gibt sie nicht so schnell wieder her.
»Diese blöde Frau Lenz, jetzt hat sie uns das Spiel verdorben«, mault Max. »Wir sollten sie auch mal ärgern, dann hat sie endlich mal wirklich etwas, worüber sie sich aufregen kann.«
Und an den nächsten Tagen nutzen sie jede Gelegenheit für einen Klingelstreich. Fünf mal klingeln sie bei Frau Lenz und hauen dann schnell ab, so dass sie nicht erwischt werden.
Da mag aber Laura nicht mitmachen. »Das stört sie doch!«, meint sie. »Na und?«, antwortet Max, »Uns stört sie doch auch!«
»Aber so doch nicht!«, wendet Laura ein. Sie ist gerade damit beschäftigt, für ihre Meerschweinchen den Käfig im Garten aufzustellen, damit sie ein bisschen Gras fressen können. Das macht sie jeden Tag, wenn das Wetter schön ist. Laura liebt ihre Meerschweinchen sehr.
Am Abend kommt die Mutter ins Zimmer. Oh weh, sie ist nicht gut gelaunt. »Frau Lenz hat sich wieder bei der Hausverwaltung beschwert«, sagt sie. »Scheinbar finden es ein paar Kinder lustig, immer zu klingeln. Und nun hängt schon wieder ein Brief im Schaukasten: Wir Eltern werden dringend gebeten, für Ruhe und Ordnung zu sorgen. Mannomann, solche Briefe habe ich dick! Bloß weil irgendwelche dummen Kinder die falsche Klingel erwischen, kriegen wir wieder eins aufs Dach... Moment mal! Max! Warum wirst du denn so rot? Na los, sag schon! Nein, du brauchst es gar nicht zu sagen, man sieht es dir ja an! Du hast auch geklingelt! Und wohl mit Absicht! Na warte, Freundchen, das gibt zwei Tage Hausarrest! Schäm dich!« Die Mama knallt die Tür zu. Max denkt aber gar nicht daran, sich zu schämen. »Daran ist nur die blöde Frau Lenz schuld! Weil sie immer und immer meckern muss!« Max beißt die Zähne zusammen, so sauer ist er. »Das nächste Mal kriegt sie eine Ladung Sand auf den Balkon geworfen! Oder wir verstecken ihre Zeitung! Oder...« »Max, jetzt hör aber auf!«, versucht ihn Laura zu beruhigen. Ihr tut Frau Lenz Leid. Es gibt wirklich keinen, der sie gern mag. Das muss doch traurig sein für sie. Laura hat eine Idee. Da hat sie doch noch das Bild, das sie von ihren Meerschweinchen gemalt hat, das ihr so gut gelungen ist...

Am nächsten Wochenende ist wieder schönstes Wetter. Auch in der Familie ist keiner mehr böse. »Lasst uns eine Radtour machen!«, schlägt Papa vor. »Wir fahren durch den Wald nach Forst Kasten und essen im Biergarten. Da ist doch der schöne Spielplatz, und die Pferde auf der Koppel könnt ihr streicheln!« Das muss er nicht zweimal sagen. In einer halben Stunde ist alles fix und fertig. Laura bringt nur noch die Meerschweinchen in den Garten, damit sie auch etwas vom schönen Wetter haben. Dann kann es losgehen. Das macht Spaß, durch den Wald zu radeln! Obwohl da doch ein paar Wolken sind. Als sie sich eine Stunde später im Biergarten gerade eine große Breze holen, schaut der Himmel schon ziemlich bedrohlich aus. »Du liebe Zeit! Es wird regnen!«, sagt Mama. »Meine Meerschweinchen!«, ruft Laura, »Wir müssen ganz schnell heim! Die werden im Garten ja ganz nass!« Papa versucht noch, bei Sebastians Familie anzurufen, aber da geht niemand ans Telefon. Laura fängt zu weinen an. »Meine armen Meerschweinchen!«, jammert sie. Sie treten in die Pedale und fahren so schnell, wie sie können, heim. Doch es hilft nichts, der Regen ist schneller. Es schüttet wie aus Kübeln, als sie endlich in ihre Straße einbiegen.
Laura stürzt in den Garten... Doch die Meerschweinchen sind nicht da! Der ganze Käfig ist weg! Während sie noch schaut und sucht, ruft Mama: »Laura, da hängt ein Zettel an der Tür! Hör dir das an: »Liebe Laura, deine Meerschweinchen sind bei mir. Hole sie doch ab, wenn du kommst. Frau Lenz« – Alle wissen gar nicht, was sie sagen sollen. Schließlich stapft Laura die Treppe hinauf und klingelt...
Zwei Wochen später klingelt Laura wieder im ersten Stock: »Hier, Frau Lenz, meine Mama hat ein Stück Kuchen für dich!« »Ach Laura, danke! Komm doch herein!« Später steht eine Tasse Kakao auf dem Tisch. Laura merkt schon, dass Frau Lenz etwas loswerden möchte. »Laura, ich muss dir etwas sagen. Du weißt vielleicht gar nicht, wie sehr ich mich über dein Bild gefreut habe! Das war das erste Mal, dass ein Kind nett zu mir war!«

M 38b

M 39

Die Heilung des Gelähmten

»He, Simon! Komm doch mit in die Synagoge!« ruft ein Freund. Doch Simon rührt sich nicht. Wie soll er denn auch? Er ist ja gelähmt! Na gut, er weiß schon, seine Freunde hätten ihn gestützt. Aber was soll er denn in der Synagoge? Gott loben und danken, dafür dass er nicht laufen kann? »Gott ist das doch egal, wie es mir geht. Gott liebt vielleicht die anderen Menschen, aber mich nicht. Sonst würde er mich nicht so leiden lassen. Ach, Gott! Ich habe es ja immer wieder versucht, aufzustehen. Manchmal meine ich, meine Beine würden mich wieder tragen. Aber dann fehlt mir die Kraft, ich breche wieder zusammen und liege da und bin so verzweifelt. Wozu sollte ich mich überhaupt anstrengen? Keiner mag mich. Meine Freunde sagen: »Simon, du schaust immer so böse. Lach doch einmal!« – Die haben gut reden, die sind ja nicht gelähmt.« – Diese düsteren Gedanken gehen Simon durch den Kopf, während er im Eingang seines Hauses sitzt. Er beobachtet die Leute, die vorübergehen. Es stimmt: Sie gehen ihm aus dem Weg, sie schauen ihn gar nicht an. »Ihr meint wohl, ihr seid etwas besseres, weil ihr laufen könnt!« schreit Simon ihnen wütend nach. Oh, Simon weiß gar nicht, wen er mehr hasst: Gott, der ihn so straft oder die Menschen, die so dumm schauen.

»Simon, brüll doch nicht so rum!«, sagt sein Freund. »Was sollen die Leute denn machen? Wenn sie zu dir kommen und ihre Hilfe anbieten, dann schickst du sie weg. Wenn sie dich in Ruhe lassen, beschwerst du dich, dass sie sich nicht um dich kümmern! – Hör mir jetzt mal zu: Ich habe gehört, dass morgen Jesus wieder in den Ort kommt. Da gehen wir hin. Und wir nehmen dich mit. Morgen mittag holen wir dich ab!«

Zu viert sind seine Freunde, als sie am nächsten Tag kommen. Sie hören gar nicht hin, als Simon zu jammern anfängt. »Simon, hier herumsitzen kannst du noch lange genug. Jetzt lernst du Jesus kennen. Er kann dir bestimmt helfen. Alle, die ihn gesehen und gehört haben, sind begeistert von ihm!« – »Das stimmt nicht!«, wendet ein anderer ein. »Denke an die Schriftgelehrten. Sie sind erbitterte Feinde von Jesus und ärgern sich über alles, was er sagt und tut.« »Das ist wahr«, antwortet der erste. »Und ich habe gehört, dass sie heute auch wieder da sind. – Aber nun lasst uns gehen. Simon, wir tragen dich.«

Jeder der vier Freunde nimmt einen Griff der Tragbahre, auf der Simon liegt. Simon lässt es geschehen, obwohl ihm ganz elend zumute ist. »Das nutzt doch alles nichts!« denkt er und fühlt sich mutlos, wie immer. Als sie in die Nähe des Hauses kommen, wo Jesus ist, sehen sie eine große Menschenmenge. Mit der Bahre kommen sie nicht ins Haus hinein, das ist viel zu eng. Unschlüssig stehen die Freunde da. Simon ist ausnahmsweise still. Ob er doch gehofft hat, Jesus zu sehen? »Ich hab's!«, ruft da einer der Freunde aus. »Wir steigen aufs Dach!« Und er zeigt auf die Außentreppe, die nach oben zum flachen Dach führt. »Wir könnten doch ein Loch in die Lehmwand schlagen und Simon hinunterlassen«, erklärt er den anderen, als sie oben stehen. »Wir dürfen jetzt nicht aufgeben! Ich bin so sicher, dass Jesus Simon helfen kann! – Los, du holst Seile! Und da, mit der Hacke schaffen wir den Anfang, das Dach ist ja nicht so dick!« Alle machen sich an die Arbeit. Als der Freund mit den Seilen kommt, sind schon große Brocken beiseite geräumt und das Loch ist groß genug.

Verwundert sehen die Menschen, wie Simon auf seiner Bahre vorsichtig abgeseilt wird, gerade vor die Füße von Jesus. »Deine Freunde lassen sich einiges einfallen, um dir zu helfen«, sagt Jesus freundlich. »Sie haben großes Vertrauen, dass Gott dir helfen kann!« Er schaut Simon an und spürt seine düsteren Gedanken und seine Verzweiflung. »Simon, Gott hat dich lieb! Was du böses gedacht und getan hast, ist dir vergeben.« Jesus lächelt ihm zu. Simon wird diesen Blick nie vergessen. Er spürt eine Wärme in seinem Herzen, die er gar nicht mehr kannte. Jetzt weiß er: »Gott hat mich lieb.« Am Rand stehen einige, die kochen innerlich vor Wut: »Jesus darf doch keine Sünden vergeben, das kann nur Gott allein. Jesus ist ein Gotteslästerer!« Das sind Schriftgelehrte, die sich über Jesus und Simon so ärgern. Jesus schaut zu ihnen hinüber und sagt: »Ich merke, was ihr denkt, und ihr habt recht: Nur Gott kann Sünden vergeben. Aber das muss den Menschen doch jemand sagen. Gott will, dass ich den Menschen diese frohe Botschaft bringe. Er will, dass ich ihnen seine Kraft weitergebe.« Und Jesus wendet sich wieder dem Gelähmten zu und sagt zu ihm: »Simon, du spürst Gottes Kraft! Steh auf, nimm deine Bahre und geh!« Simon schaut Jesus an und merkt: »Er meint es ernst. Er traut mir das zu, dass ich es schaffe!« Und Simon stützt sich auf seine Arme und richtet sich vorsichtig auf. So weit ist er immer gekommen, und dann ist er wieder zusammengebrochen. Aber diesmal gibt er nicht auf. Er will es schaffen. Er spürt eine neue Kraft. Jesus mag ihn. Gott hat ihn lieb. Das gibt ihm Auftrieb. Langsam setzt er einen Fuß vor den anderen. Eine Frau will ihm helfen, aber Simon sagt: »Danke, ich schaffe es alleine.« Er nimmt seine Bahre unter den Arm und geht hinaus. Die Menschen rundum sind ganz erschrocken, doch dann preisen sie Gott: »Das ist ein Wunder! So etwas haben wir noch nie gesehen!«

Auf dem Dach stehen Simons Freunde und sehen ihm nach: »Seht!«, meint einer, »Jesus hat ihm Mut gemacht, auf seinen eigenen Beinen zu stehen!«

M 40

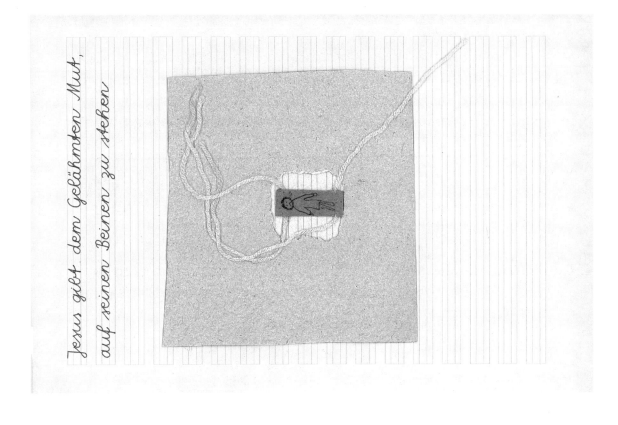

Jesus gibt dem Gelähmten Mut, auf seinen Beinen zu stehen

M 41a

Vor Angst wie gelähmt

Als ich so alt war wie ihr, war ich auch in der zweiten Klasse. Jeden Tag bin ich zur Schule gegangen, und jeden Tag musste ich eine große Straße direkt vor der Schule überqueren. Dort war eine Ampel, und natürlich bin ich immer nur über die Straße gegangen, wenn die Ampel grün war, das ist ja sonst zu gefährlich!
An einem Tag habe ich gesehen, dass ein Polizist an der Ampel steht. Die Ampel war gerade grün, und ich bin gelaufen, um noch über die Ampel zu kommen. Weil nun der Polizist da stand, wollte ich es besonders gut machen. So wie ich es gelernt hatte, habe ich trotz der grünen Ampel noch nach rechts und links geschaut. Nun wollte ich hinüber, sah nach vorn und bemerkte, dass die Ampel inzwischen doch rot geworden war. So habe ich gewartet und bin beim nächsten »Grün« über die Straße gegangen.
Doch auf der anderen Seite sprach mich der Polizist an. Er schimpfte: »Hör mal! Du wolltest bei ›Rot‹ über die Ampel gehen! Dann hast du mich gesehen und bist deswegen stehen geblieben! Du musst auf die Ampel achten! Nur bei ›Grün‹ darfst du gehen!«
Ich stand da und schaute... und brachte kein Wort heraus! Ich war vor Angst wie gelähmt! So war es nicht gewesen, der Polizist hatte Unrecht! Aber ich konnte es ihm nicht erklären! Ganz kleinlaut bin ich weitergegangen. Das war sehr schlimm für mich.
Ich weiß noch genau, dass ich die Jacke, die ich an dem Tag an hatte, nicht mehr anziehen wollte, weil ich dachte: Wenn der Polizist wieder da ist, erkennt er mich und schimpft mich wieder...

M 41b

Rollenspiel

1. **Du bist der Polizist. Du hast ein Kind gesehen, das fast bei Rot über die Ampel gegangen wäre. Du schimpfst und sagst, dass es nur bei Grün gehen darf.**

2. **Du bist Verkäuferin in einem Supermarkt. Etwas hat gescheppert und du siehst, dass Limodosen aus dem Regal gefallen sind. Ein Kind steht in der Nähe. Du beschuldigst das Kind, dass es die Dosen hinunter geworfen hat.**

3. **Du bist eine Lehrerin und triffst in der Pause ein Kind im Schulhaus, obwohl alle im Pausehof sein sollten. Du schimpfst das Kind und sagst, dass es allein in Schulhaus nichts verloren hat.**

4. **Du bist ein fremder Mann und fragst ein Kind nach dem Weg zum _____-Platz. Du willst, dass das Kind mit dir mitkommt und dir den Weg zeigt.**

Wenn Jesus heute käme…

Wenn Jesus heute nach *München* käme, dann würde er bestimmt unseren Familiengottesdienst besuchen und sich über die vielen Kinder freuen. Nach der Kirche würde er die alte Dame bemerken, die noch eine Weile allein in der Kirche sitzt. Sie ist sehr krank und hat keinen Mann und keine Kinder. Jesus würde sich zu ihr setzen und mit ihr ins Gespräch kommen. Er würde sich die Krankengeschichte anhören, die sonst niemand hören will, und sie trösten.

Später würde er vielleicht durch den Westpark spazieren und dort eine türkische Familie treffen, die ein Picknick macht. Die Kinder spielen, der große Bruder grillt, die Mutter packt die Esssachen aus dem Korb. Der Vater steht etwas abseits, und so hört er, wie ein Spaziergänger, ein Deutscher, absichtlich halblaut schimpft: »Man traut sich ja kaum noch in den Park. Müssen diese Ausländer sich überall breit machen? Und dann gleich so, dass man sie von weitem sieht und hört? Eine Rücksichtslosigkeit…!« Der türkische Vater kennt solche Beschimpfungen, und er hasst sie. Aber er will keinen Ärger, und so schluckt er seinen Zorn hinunter, mit Mühe. Jesus fragt: »Darf ich nachher mit euch zusammen essen und noch jemanden mitbringen?« Erstaunt und erfreut nickt der türkische Vater und macht eine einladende Handbewegung. »Gäste sind uns immer willkommen!«, versichert er. »Ich bin gleich wieder da!«, sagt Jesus und wendet sich dem Spaziergänger zu: »Sehr geehrter Herr, wir möchten Sie einladen, mit uns zusammen Picknick zu machen!« »Wie? Mit diesen…« »Ja, mit dieser netten Münchner Familie«, unterbricht ihn Jesus schnell, bevor der Mann ein Schimpfwort sagen kann. »Es duftet doch sehr appetitlich, finden Sie nicht? Haben Sie Zeit? Hunger?« »Naja, Zeit schon, Hunger eigentlich auch…«, antwortet der Mann etwas verwirrt. Sie gehen weiter, Jesus begleitet den Mann ein Stück und redet mit ihm. – Eine Weile später kommen tatsächlich beide zurück und setzen sich zur türkischen Familie! Wie hat Jesus das geschafft? Er hat sogar herausgefunden, dass die zwei Männer in der gleichen großen Firma arbeiten! Der Mann ist nicht mehr unfreundlich. Gemeinsam lassen sie es sich schmecken.

Später verabschiedet sich Jesus. Er geht weiter durch den Park. Auf einer abgelegenen Bank sieht er einen Mann. Zusammengesunken scheint er dort zu schlafen, mit einer Schnapsflasche in der Hand. Jesus setzt sich zu ihm, obwohl der Mann völlig verdreckte Kleider trägt und nach Alkohol riecht. Der Betrunkene wird wach. Er bemerkt Jesus. »Ja, ich weiß, ich bin besoffen!«, lallt er. »Und frisch gewaschen bin ich auch nicht. Also, warum setzt du dich ausgerechnet zu mir?« »Warum hast du dein Leben aufgegeben?«, fragt Jesus. Der Mann schaut starr auf die Flasche. Langsam beginnt er zu erzählen. Ungefähr eine Stunde später ist er fertig. »Meine Mama, meine liebe alte Mutter, hat gesagt, sie hilft mir – aber ich muss mit dem Trinken aufhören. Und das schaff ich einfach nicht«, schließt er seinen Bericht. Jesus lächelt ihm zu und schweigt. »Mama hat immer gesagt, wenn ich wirklich will, schaffe ich es.« Die Erinnerung treibt dem Mann die Tränen in die Augen. Schließlich rafft er sich auf: »Ich tu's: Ich geh zu meiner Mutter! – Ja! Und zwar ohne diese Flasche! Begleitest du mich?« Und so machen sich Jesus und der Betrunkene auf den Weg…

Der Schachclub

Jonas liebt Schach. Seit sein Opa ihm das beigebracht hat – und da war er erst 8 – ist das sein Lieblingsspiel. Aber »Spiel« ist eigentlich gar nicht das richtige Wort – Jonas weiß inzwischen viel über Schach: Dass es Meisterschaften gibt und kluge Köpfe auf der ganzen Welt diesen Denksport betreiben. Denksport, Rätsel, Detektivspiele und knifflige Aufgaben, all das findet Jonas gut, aber Schach ist das Beste. Es ist nur schade, dass seine Freunde gar nicht verstehen, was er am Schach so toll findet. Leo und Mario sind im Fußballverein – das ist nun wieder überhaupt nichts für Jonas. Und Nadja, die im Nebenhaus wohnt, spielt zwar gern Uno oder auch Siedler, aber Schach ist ihr zu anstrengend. Nachdem Jonas sie dann auch noch zweimal nach kurzer Zeit schachmatt gesetzt hatte, ist ihr das letzte bisschen Lust vergangen. »Ne, ne, bleib mir vom Leib mit deinem Schach!«, wimmelt sie ihn ab. Wie dumm! Mama und Papa haben keine Zeit, und mit dem Schachcomputer zu spielen, macht Jonas nicht wirklich Spaß. Wenn doch nur der Opa in der Nähe wohnen würde! Das tut er aber nicht. »Mensch, Heide, lass doch den Jungen in einen Schachclub gehen; in der Turmstraße wird das angeboten!«, hatte der Opa das letzte Mal, als sie ihn besuchten, zu seiner Tochter, Jonas' Mama, gesagt. »Er ist wirklich begabt, und Schach ist so ein tolles Hobby!« »Schachclub?«, Jonas kriegt lange Ohren, »es gibt einen Schachclub? Das wär doch was für mich!« »Wie stellst du dir das vor? Die Turmstraße ist am Ende der Stadt!«, erwidert Mama. »Wie soll Jonas denn da hinkommen? Ich habe keine Zeit, ihn jede Woche hinzubringen!« »Oh, Mama, geht das wirklich nicht? Bitte! Tu das doch für mich!«, bettelt Jonas. »Ach Jonas, es ist nicht, weil ich es nicht für dich tun will, glaub mir das«, erklärt die Mutter seufzend. »Aber wenn ich aus der Arbeit komme und du aus der Mittagsbetreuung kommst, ist es für den Schachclub zu spät.« »Und wenn du alleine hinfährst, mit dem Bus?«, fragt Opa, »Schaffst du das?« »Alleine mit dem Bus, so weit? Ne!«, ruft Jonas. »Alleine, so weit, mit dem Bus? Niemals erlaube ich das!« Auch die Mutter ist ganz entsetzt über Opas Vorschlag. »Aber der Weg ist ja nicht das einzige,« seufzt Jonas. »Wenn ich da im Schachclub gar niemand kenne, macht das doch keinen Spaß!« Eine Weile schweigen alle drei. »Na ja, kann man nichts machen, schade!«, sagt die Mutter schließlich. Das sagt sie noch einmal, als sie am Abend miteinander heimfahren. So hat sich diese Idee wieder erledigt. Jonas spielt mit seinem Schachcomputer oder Fußball mit Mario oder Uno mit Nadja. Doch einige Zeit später kommt die Mutter ganz aufgeregt nach Hause: »Mensch, Jonas, stell dir vor: Ich habe meiner Arbeitskollegin, der Nina, erzählt, dass du so gern Schach spielst und am liebsten in einen Schachclub gehen würdest, und – was antwortet sie da: dass der Tobi, ihr Sohn, auch nicht genug vom Schach bekommen kann! Du, da könntet ihr doch gemeinsam hingehen! Genauer gesagt, gemeinsam hinfahren. Zu zweit schafft ihr das doch mit dem Bus!« »Der Sohn von Nina?? Der ist doch behindert!«, platzt Jonas heraus. Mutter hatte ihm früher schon von Tobi erzählt, der mit verkrüppelten Beinen geboren worden war und im Rollstuhl sitzen muss. Nicht nur einmal hatte seine Mutter den Vorschlag gemacht, dass Jonas doch mal Tobi besuchen solle und sich vielleicht mit ihm anfreunden könnte, aber Jonas hatte sich geweigert. »Ich such mir meine Freunde selber aus!«, war sein Argument gewesen. »Bloß weil Nina deine Freundin ist, muss ich doch nicht mit Tobi befreundet sein!« »Außerdem ist das doch komisch – was soll ich denn mit einem Behinderten anfangen…?« – das hatte Jonas aber nur gedacht, nicht gesagt. Jetzt fing also Mutter schon wieder an, von Tobi zu reden… allerdings war es ganz anders. »Also, Jonas – bisher wusste ich nicht, dass Tobi Schach spielt. Ich kann und will dich nicht zwingen. Aber hör doch mal: Du spielst so gern Schach, willst in den Schachclub gehen und kannst nicht allein. Tobias spielt gern Schach, will in den Schachclub gehen und kann nicht allein. Was liegt näher, als dass ihr zwei euch zusammentut? Wenn du dich immer noch weigerst, ihn überhaupt kennenzulernen, dann bist du schlicht und einfach selber schuld. Oder das Schach ist dir doch nicht so wichtig. – Am Samstag bin ich mit Nina verabredet; ich besuche sie. Du bist herzlich eingeladen, mitzukommen. Überleg es dir.«

Was soll ich euch sagen? Jonas ist am Samstag mitgegangen. Und wer hat den ganzen Nachmittag mit Tobi Schach gespielt, bis die Köpfe rauchten? Jonas! »Mannomann, du kannst das echt besser als Nadja!«, stellte Jonas nach einem umkämpften Spiel fest. »Und hast mehr Zeit als Mama und Papa!«

»Und, Jonas?«, fragte Tobi vorsichtig. »Gehst du mit mir in den Schachclub? Meinst du, du kannst meinen Rollstuhl in den Bus schieben?« »Rollstuhl?« Den hatte Jonas an diesem Nachmittag komplett vergessen. »Schachclub? Na sowieso!«

M 42c

Maria aus Magdala

Maria hat schon in der Frühe gemerkt, dass in der Stadt etwas Besonderes los ist. Eigentlich ist das für sie nichts Neues; jedes Jahr kommen viele Menschen zum Passahfest nach Jerusalem, um hier den Tempel zu besuchen und zu feiern. Aber diesmal ist es trotzdem anders; Maria weiß auch, warum: Jesus kommt in die Stadt! Jesus, von dem alle erzählen, dass er die Menschen ändert und Kranke heilt.

Das stimmt, das weiß Maria, sie hat es selbst erfahren. Früher ging es ihr nicht gut. Manchmal war sie so traurig und müde, dass sie stundenlang nur da saß und sich zu nichts aufraffen konnte. Dann hatte sie so schlimme Wutanfälle, dass alle erschrocken waren. »Das ist bestimmt ein böser Geist, der Maria beherrscht«, murmelten die Leute hinter ihrem Rücken. Und sie wollten nichts mit Maria zu tun haben. Als Jesus kam und Maria freundlich begrüßte, da spürte sie, dass in ihrem Herzen Frieden einkehrte. Und Maria wusste, dass sie mit Jesus gehen wollte, so wie seine Jünger. Maria wollte Jesus begleiten und zuhören, was er von Gott erzählte. Sie staunte jedesmal, wie er von Gott sprach. »Er ist Gottes Sohn!«, sagten viele, und davon war auch Maria überzeugt. Jesus war Gott so nahe wie ein Sohn seinem Vater.

Maria ist ganz in Gedanken vertieft durch die Stadt gegangen, doch nun wird sie auf zwei Frauen aufmerksam, die sich über Jesus unterhalten. Die eine strahlt über das ganze Gesicht, sie hat Büschel von Zweigen in der Hand und ruft: »Bald ist es soweit! Jesus kommt! Wie ich mich freue! Nun wird alles anders!« »Was wird anders?«, fragt die andere. »Jesus wird alle Kranken gesund machen und alle bösen Menschen gut machen! Keiner wird mehr Not leiden, es wird sein wie im Paradies! Und natürlich wird er die Römer aus dem Land jagen und wir müssen keine Steuern mehr bezahlen! Alles wird gut!« »Oh, das hört sich toll an, was du sagst!«, stimmt die zweite Frau zu, »Komm, jetzt kann ich es auch nicht mehr erwarten, Jesus zu sehen!«

Maria sieht den beiden nach. Sie ist ziemlich beeindruckt von dem, was die Frauen gesagt haben. Aber sie kommt nicht dazu, darüber nachzudenken, denn nun hört sie einen Mann laut schimpfen. »Er soll wieder verschwinden, dieser Angeber!« »Wen der wohl meint?«, überlegt Maria. Nun sieht sie den Mann, der auf einen zweiten einredet. Beide schauen wütend. »Er verstößt gegen die Gebote, er geht zu bösen und ungläubigen Menschen, zu Betrügern, zu Zöllnern!« »Lange wird er das nicht mehr machen können«, stößt der zweite zwischen den Zähnen hervor. »Die Römer ärgern sich, dass dieser Jesus so viele Freunde hat. Sie werden ihn schon schnappen!« Nun gehen sie um die Ecke, und Maria versteht nichts mehr. Erschrocken steht sie da. Warum sind die Männer auf Jesus so böse? Sie beeilt sich, um Jesus und die anderen zu treffen.

Vor den Toren der Stadt findet sie Jesus, aber da ist so ein Trubel, dass sie niemandem erzählen kann, was sie gehört hat. Jesus sitzt auf einem Esel und reitet in die Stadt.

»Das ist kein Angeber!«, denkt Maria. »Keiner lebt so einfach wie er. Er schaut wirklich nicht auf das, was jemand hat. Er ist so freundlich zu allen!« Und sie stimmt in den Jubel und den Gesang der Leute mit ein…

M 44

M 45

Die Einsetzungsworte
(für die Kinder: Abendmahlsworte)

Jesus Christus, in der Nacht, in der er verraten wurde,
nahm das Brot, dankte und brach es
und gab es seinen Jüngern und sagte:
Nehmt und esst: Das ist mein Leib, der für euch gegeben wird.
Sooft ihr das tut, denkt an mich.
Ebenso nahm er auch den Kelch mit Wein, dankte,
gab ihnen den und sagte:
Nehmt und trinkt alle daraus:
Das ist mein Blut, das für euch vergossen wird,
ein Zeichen des neuen Bundes zwischen Gott und den Menschen.
Sooft ihr das tut, denkt an mich.

Das Abendmahl

Am Abend werden überall in der ganzen Stadt die Vorbereitungen für das Passahmahl getroffen. Das ist das größte Fest des jüdischen Volkes; es erinnert an die Rettung aus Ägypten. Schon seit vielen hundert Jahren wird es gefeiert, und immer auf die gleiche Weise: Es wird gebetet, es wird die Geschichte erzählt, es wird ein Lamm geschlachtet so wie damals, es werden Brot und Wein ausgeteilt.
Auch Maria feiert das Passahfest, sie ist bei ihrer Familie zu Besuch. Aber später geht sie wieder, um bei Jesus zu sein. Sie weiß, wo er mit den Jüngern das Passahfest gefeiert hat. Vor dem Haus trifft sie Petrus, der dort sitzt und den Kopf in die Hände gestützt hat. Weint er? »Petrus, was ist los?«, fragt Maria erschrocken. Petrus sieht sie an, Verzweiflung liegt in seinem Blick. Maria setzt sich zu ihm. »Erzähl doch!«, bittet sie.
»Es war alles ganz anders als sonst«, beginnt Petrus, »Jesus hat so seltsame Sachen gesagt. Er hat gesagt… dass er sterben wird!« Maria meint, ihr Herz bleibt stehen vor Schreck, aber sie will Petrus zuhören. Sie merkt, wie schwer es ihm fällt, zu sprechen. »Als Jesus das Brot nahm und dankte, es brach und es uns gab, da sagte er:
»Nehmt und esst: Das ist mein Leib, der für euch gegeben wird. Sooft ihr das tut, denkt an mich.« Und dann nahm er auch den Kelch mit Wein, dankte, gab ihn uns und sagte:
»Nehmt und trinkt alle daraus. Das ist mein Blut, das für euch vergossen wird, ein Zeichen des neuen Bundes zwischen Gott und den Menschen. Sooft ihr das tut, denkt an mich.« – Maria, das sind nicht die Worte, die beim Passahfest gesprochen werden! Jesus hat wirklich von seinem Tod geredet!« »Ein neuer Bund zwischen Gott und den Menschen?«, fragt Maria. »Aber das ist noch nicht alles«, murmelt Petrus bedrückt. »Jesus hat angekündigt, dass einer von uns zwölf Jüngern ihn bei seinen Feinden verraten wird! Alle sind aufgesprungen und haben gerufen: »Nein, niemals!« Doch Jesus hat es noch einmal gesagt: »Einer von euch wird mich verraten. Und das ist noch nicht alles.« Und dann, dann hat er auf mich gezeigt, und er hat gesagt: »Du, Petrus, wirst drei Mal behaupten, dass du mich nicht kennst!« Ich konnte gar nicht glauben, dass er mich meint. Ich bin doch sein bester Freund! Und ich habe ihm widersprochen: »Jesus! Eher würde ich sterben, als dich verleugnen!« Doch Jesus sah mich an und sagte: »Noch ehe der Hahn kräht, wirst du das tun.««
Nun kann Petrus nicht mehr, er sitzt da wie ein Häufchen Elend. Maria legt tröstend einen Arm um ihn. Beide schweigen eine Weile. Schließlich meint Maria: »Woher weiß Jesus das alles? Und: Wenn er es weiß – warum verhindert er es nicht? Warum verschwindet er nicht einfach?«

Gefangennahme und Verurteilung

Während Maria und Petrus noch da sitzen, tritt Jesus aus dem Haus, mit einigen Jüngern. »Kommt!«, sagt er nur und geht voran. Maria denkt an das, was Petrus ihr erzählt hat und beobachtet Jesus ängstlich. Er wirkt nachdenklich, auch traurig, aber ruhig und nicht verzweifelt. »Wohin gehen wir jetzt, in der Nacht?«, fragt sich Maria. Doch sie folgt Jesus mit Petrus und den anderen schweigend. Jesus durchquert die Stadt und lässt das Stadttor hinter sich. Er hält nicht an, bis sie den Garten Getsemane erreichen. Maria kennt den Platz, der am Ölberg liegt. Hier wachsen viele Olivenbäume. Tagsüber ist es ein schöner Garten, doch jetzt kommt Maria alles unheimlich und fremd vor. Nun bleibt Jesus stehen, dreht sich zu ihnen um und sagt: »Wartet hier!« Er steigt noch ein Stück weiter den Berg hinauf, Maria kann ihn kaum noch erkennen. Sie setzt sich mit den anderen unter den Bäumen nieder und denkt nach. »Bestimmt betet Jesus jetzt, das hat er oft getan. Jesus, wenn du tatsächlich sterben wirst, dann hast du jetzt Angst. Dann brauchst du jetzt Kraft. Bitte, Gott, gib ihm Kraft!«, nun hat Maria selbst die Hände gefaltet und betet.

Doch plötzlich hört sie Geräusche und Schritte den Berg heraufkommen. Das sind ja Soldaten mit Fackeln! Entsetzt erkennt Maria, dass Judas bei ihnen ist. Die anderen Jünger springen auf, voll Furcht verstecken sie sich. Die Soldaten haben Jesus schon gefunden. »Judas verrät ihnen, wo Jesus ist!«, durchfährt es Maria. Im Schein der Fackeln erkennt sie, dass Judas sich zu Jesus beugt, um ihn mit einem Kuss zu begrüßen. Nun zögern die Soldaten nicht länger. Sie packen Jesus, sie fesseln ihm die Hände und zerren ihn mit sich. »Sie behandeln Jesus wie einen Verbrecher! Aber er wehrt sich gar nicht!«, Maria ist vor Schreck wie gelähmt. Sie beobachtet, wie die Gruppe den Ölberg verlässt und wieder auf die Stadt zugeht. Nun endlich fasst sich Maria ein Herz und läuft hinterher.

»Maria!«, ruft es da; das ist Petrus. »Komm, wir müssen sehen, was sie mit Jesus machen!« Und beide beeilen sich, um den Fackelschein nicht aus den Augen zu verlieren. Später kauern sie im Hof des Hohepriesters. Dorthin haben sie Jesus geschleppt. »Das ist der ärgste Feind von Jesus!«, sagt Maria, »Der meint, dass Jesus die Gebote nicht hält. Der regt sich auf, dass Jesus mit bösen und kranken Menschen zusammen ist. Aber ich weiß, dass er Jesus nicht verurteilen kann. Das ist Sache der Römer, weil sie bestimmen.« Doch da spricht ein Mann Petrus an: »Du, dich kenne ich doch! Du bist doch ein Jünger von dem Jesus!« »Nein! Du irrst dich!«, antwortet Petrus. Maria wird kalt, als sie das hört, denn sie spürt, dass Petrus fürchterliche Angst hat. »Doch, ich hab dich auch mit ihm gesehen!«, stimmt eine Frau zu. »Nein! Wie kommt ihr darauf?«, ruft Petrus. »Aber das hört man doch. Du sprichst wie dieser Jesus!«, mischt sich noch ein Dritter ein. Nun schreit Petrus: »Ich kenne ihn nicht!« – und er läuft weg, aus dem Hof hinaus. Da kräht der Hahn. »Den hat Petrus noch gehört!«, denkt Maria, »Oh nein! Es ist alles so, wie Jesus es angekündigt hat! Muss er jetzt sterben?« Da sitzt sie, ganz alleine, und weint vor Verzweiflung.

Da sieht sie, dass die Soldaten mit Jesus wieder kommen. »Auf! Zu Pilatus!«, befiehlt ein Römer und stößt Jesus vor sich her. Der Hohepriester und einige anderen folgen, und auch Maria stolpert hinterher.

Pilatus haben die Römer geschickt, um über das Land zu herrschen. Er steht vorne und spricht Jesus an. Doch es sind so viele Feinde von Jesus da. Sie rufen laut und immer wieder: »Kreuzige ihn!« Auch der Hohepriester redet auf Pilatus ein. Pilatus sieht Jesus an, doch der verteidigt sich nicht. Schließlich wird das Geschrei so laut, dass Pilatus mit einer Handbewegung für Ruhe sorgt und mit lauter Stimme verkündet: »Das Urteil lautet: Tod am Kreuz!«

M 47

Jesus stirbt am Kreuz

Marias Herz fühlt sich an, als müsste es vor Schmerz zerspringen. Und keiner ist da, der sie tröstet. Da ist Jesus! Er muss sein Kreuz selber tragen. Aber er schafft das gar nicht mehr, er ist so erschöpft und schwach, er kann sich kaum auf den Beinen halten. Die Soldaten befehlen einem vorbeikommenden Mann, das Kreuz Jesus abzunehmen. Jesus! Du musst so viel erleiden!

Später weiß Maria kaum mehr, wie sie auf den Berg Golgata gelangt ist. Sie haben Jesus ans Kreuz gehängt. Er ist gestorben, und der Himmel hat sich verdunkelt. Immer noch kauert Maria in einiger Entfernung auf dem Boden. Sie betet und weint, aber nichts kann sie trösten. Sie fühlt sich einsam und verzweifelt wie noch nie zuvor in ihrem Leben.

M 48

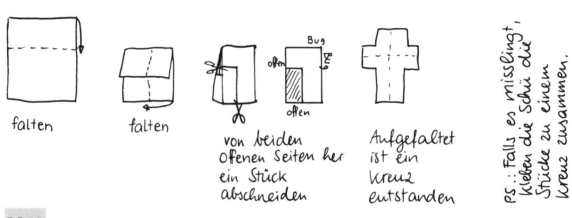

M 49

Er ist auferstanden!

Lange hatte Maria auf dem Boden gehockt und konnte nicht gehen. Sie wollte doch immer bei Jesus bleiben. Was sollte nun aus ihr werden?
Nach einer Weile beobachtet Maria, wie ein Mann mit einigen anderen kommt. Sie nehmen Jesus vom Kreuz, legen ihn auf Tücher und schaffen ihn fort. »Werden sie ihn in ein Grab legen?«, fragt sich Maria. Sie geht hinterher. »Das ist sogar ein Felsengrab, bestimmt gehört es dem vornehmen Mann.«
Die Männer bringen Jesus in das Grab, dann wälzen sie den vorbereiteten Stein vor den Eingang.
»Morgen ist Sabbat, aber übermorgen komme ich wieder her«, sagt sich Maria. Noch immer fühlt sich ihr Herz wie der schwere Stein an. Sie will nur am Grab sitzen und trauern.
Maria macht sich langsam auf den Heimweg. Am Sonntag in aller Früh kommt Maria wieder zum Grab. Sie weint, der Kummer wird immer schlimmer. Doch der Stein ist weggerollt. Maria schaut in die Grabhöhle, aber Jesus liegt nicht dort. Maria dreht sich um, da steht jemand vor ihr. Er sagt: »Maria!« – und in dem Moment spürt Maria, dass Jesus zu ihr spricht. »Geh zu meinen Brüdern und sage ihnen, ich gehe hinauf zu meinem Vater und zu eurem Vater, zu meinem Gott und zu eurem Gott.«
Nun ist nichts mehr zu sehen.
Aber Maria weiß mit einem Mal: Jesus ist bei mir, er ist nicht tot! Und sie weiß: Ich muss zu den anderen gehen, ihnen das erzählen, damit sie sich mit mir freuen können! Jesus lebt in uns! Er ist uns ganz nah! Mein Herz fühlt sich wieder ganz froh an! Jesus, du bist auferstanden! Das merke ich genau!
Sie läuft los. Maria kann es kaum erwarten, den Jüngern die gute Nachricht zu erzählen.

Es wird Papier in fünf verschiedenen Farben benötigt. Die zusammengehörenden Fragen/Anworten werden jeweils auf gleichfarbiges Papier aufgeklebt.

Maria, du strahlst ja so! Bist du nicht mehr traurig?

Nein, ich bin wieder froh, denn ich weiß, dass Jesus bei uns ist!

Maria, was hast du gesehen?

Ich fühle, dass ich Jesus gesehen habe. Er ist nicht tot!

Maria, was hat Jesus gesagt?

Jesus hat gesagt: »Geh zu meinen Brüdern und sage ihnen, ich gehe hinauf zu meinem Vater und zu eurem Vater, zu meinem Gott und zu eurem Gott.«

Maria, wie meinst du das: Jesus ist bei uns.

Das meine ich so: Wenn wir uns an all das erinnern, was Jesus gesagt und getan hat, dann ist es doch so, als ob er noch bei uns ist.

Maria, es ist gut, dass du da bist!

Ja, wir müssen zusammenhalten! Allein sein ist nicht schön. Ich möchte meine Freude mit euch teilen!

M 51

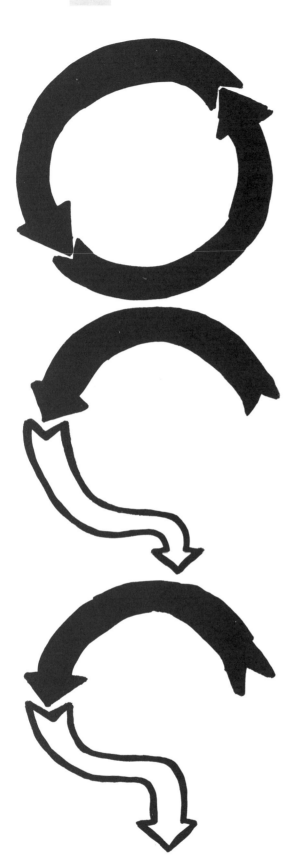

M 52c

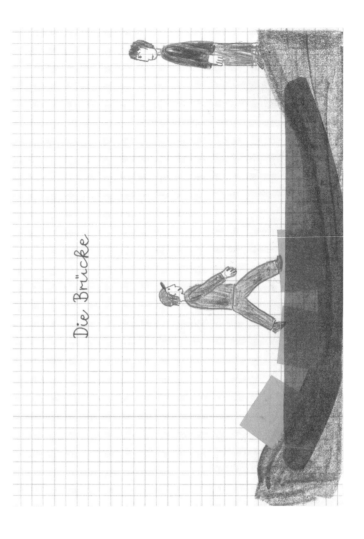

Die Brücke

Der Verweis

Schubs! Thomas fällt hin. »He, was soll denn das?« Gerade sieht er noch Luca, der mit seinen Freunden Fangen spielt und durch den Pausenhof rast. »Blödes Arschloch!«, brüllt Thomas ihm hinterher. Mühsam rappelt er sich wieder auf und putzt seine Hose ab. Die ist ganz nass, weil es am Morgen geregnet hat. »Wenn ich den erwische, der kriegt eins auf die Fresse!«, stößt er wütend zwischen den Zähnen hervor. Zack! Da bekommt er schon wieder einen Schlag von hinten! Thomas fährt herum. »Kannst selber haben, eins auf die Fresse!«, schreit Luca. Jetzt reicht es Thomas aber. Er geht auf Luca los und prügelt und tritt. Luca lässt sich nichts gefallen und boxt und haut zurück. Sie fallen um, wälzen sich auf dem Boden, kämpfen verbittert, keiner gibt nach. Thomas hat Lucas Haare erwischt und reißt und zieht mit aller Kraft. Luca nimmt Thomas in den Schwitzkasten und wirft sich auf ihn…

»Stopp! Sofort!«, ruft die Lehrerin, Frau Busch. Ein Kind hat die Aufsicht geholt. »Was ist denn los? Hört auf zu kämpfen!« Sie versucht, die beiden zu trennen. Nur mit Hilfe von großen Viertklässlern gelingt es, die Streithähne auseinanderzuziehen. Beide wehren sich und versuchen, sich loszureißen. »Lass mich!«, brüllt Thomas. »Ich zeig's ihm, dem Hundesohn!« Lucas Gesicht ist verzerrt vor Ärger. Er blutet sogar an der Lippe. »Versuch's doch, du Wichser! Du kriegst alles doppelt und dreifach zurück!« »Beruhigt euch doch!«, versucht die Lehrerin zu beschwichtigen. »Luca, was war denn los?« »Der hat mich beleidigt und mich an den Haaren gezogen!« »Moment mal! Du hast angefangen, du hast mich geschubst!« – »Ach was, wenn ich dich vielleicht ein bisschen gestreift habe…« – »Bisschen gestreift? Ich bin voll auf die Knie gefallen!« – »Ohjemine! Mister Zimperlich hat sich das arme kleine Knie verletzt!« – »Mister was?? Mister Mistkerl!!« Diesmal gelingt es Thomas, sich freizumachen; sofort geht er auf Luca los und versetzt ihm einen Boxhieb in den Magen. Luca krümmt sich und stöhnt. »Schluss, jetzt reicht es aber! Thomas, für diesen Schlag bekommst du einen Verweis!« Frau Busch ist mit ihrer Geduld am Ende.

»Ich einen Verweis?! Aber der hat angefangen! Ich hatte ihm gar nichts getan!« »Es ist mir egal, wer angefangen hat!«, Frau Busch duldet keinen Widerspruch. »Jemanden in den Magen zu schlagen ist gefährlich und verboten, und das hast du getan, und zwar vor meinen Augen. Egal, wie sehr man geärgert wird, so schlagen darf man nicht. – Und jetzt hör her, Thomas, ich gebe dir noch eine Chance: Wenn du dich beruhigt hast und dich bei Luca entschuldigst, dann schicke ich den Verweis nicht ab. Ich gebe dir Zeit bis morgen.« »Entschuldigen? Ich bei ihm? NIEMALS!!«

Die Pause ist aus, die anderen Kinder ziehen die beiden keuchenden Jungen ins Klassenzimmer und schieben sie zu ihrem Platz. »Na warte!«, stößt Thomas zwischen den Zähnen hervor und wirft Luca finstere Blicke zu. »Nur wegen dir bekomme ich einen Verweis! Das zahle ich dir heim!« Er kann sich überhaupt nicht auf den Unterricht konzentrieren, so sehr ist er mit seinen Racheplänen beschäftigt. »Ich lasse ihm die Luft aus den Fahrradreifen, oder noch besser, ich mache seine Bremse kaputt. Oder ich werfe einen Stein nach ihm. Oder ich verstecke seine Schuhe, dann muss er auf Strümpfen heimgehen…«

Oh weh, das alles fällt Thomas ein und noch mehr. Wie soll das enden?

Die Brücke

Wer diese Geschichte von Luca und Thomas so hört, der hält es nicht für möglich, dass die beiden eigentlich Freunde sind. Sie treffen sich oft am Nachmittag, und sie haben sogar ein Geheimnis miteinander: die Baustelle. Die Baustelle ist am Ende der Straße, ein ganz verlassener Ort. Kaum jemand kommt da hin. Thomas und Luca haben einmal bei ihren Streifzügen mit dem Fahrrad entdeckt, dass man durch einen Loch im Bauzaun auf das Gelände gelangen kann. Und nicht nur das: Sie haben entdeckt, dass das ein genialer Abenteuer-Spielplatz ist. Auf dieser Baustelle wird schon lange nicht mehr gebaut. Es wurde noch der Keller fertiggestellt, dann war die Baufirma pleite gegangen, und keiner wollte das Grundstück mit dem angefangenen Haus kaufen. Alles wurde stehen- und liegengelassen: ein paar Rohre und viele Bretter, eine Palette Ziegelsteine, ein alter Eimer. Kurzerhand hatten die Jungen das zu »ihrem Haus« erklärt. Der Keller war ihr geheimer Treffpunkt. Thomas und Luca hatten sich aus Ziegelsteinen und Brettern einen Tisch und Sitzbänke gebaut, hatten Comic-Hefte, Essvorräte und Kerzen in ihr Versteck geschafft und sich fast jeden Tag getroffen. Es war gemütlich, sogar bei Regen, es war abenteuerlich, und keiner störte sie, niemand kannte das Geheimnis.

Eigentlich waren Thomas und Luca Freunde, und deswegen war das auch so bitter für Thomas, dass Luca ihm nun diesen ungerechten Verweis verschafft hatte. Deswegen seine Wut. Ein »Freund« hätte sich doch für diesen Rempler sofort entschuldigt, oder nicht? Ein Freund hätte es nicht übelgenommen, wenn man in der Wut mal einen Ausdruck sagt. Und vor allem hätte ein Freund der Lehrerin gegenüber zugegeben, dass er schuld war an dem Streit und der Prügelei. »Und außerdem: Warum hat er mit den anderen Fangen gespielt und nicht mit mir? Bestimmt hat er denen auch unser Versteck verraten.« Thomas hatte finstere, wütende Gedanken, als er am Nachmittag in ihrem Haus saß; und alle hatten denselben Schluss: Von Luca will er nichts mehr wissen. »Der kann mich mal, der Verräter!«

Doch halt, was war das? Ein Geräusch! Da ist doch wer? Ob das Luca war, mit den anderen? Thomas spähte durch die Kellerluke nach draußen. – Es war tatsächlich Luca! Aber er war allein. Na immerhin. Und was machte er da? Luca schleppte einen Ziegelstein. Wohin? Das konnte Thomas nicht mehr sehen. Dann hörte er etwas platschen. Da war doch die große Pfütze draußen, vom Regen. Was hatte Luca vor? Thomas war zu neugierig. Er ging nach draußen.

Luca warf ihm nur einen kurzen Blick zu und sagte: »Eine Brücke!« Thomas konnte Lucas Plan sofort erkennen: Die Pfütze versperrte den Zugang zum Keller, und Luca hatte begonnen, Ziegelsteine in die Pfütze zu legen, damit man hinüber gelangen konnte, ohne ins Wasser zu treten. Thomas sah auf seine Schuhe: Er hatte tatsächlich nasse Füße. »Gute Idee!«, gab er zu. »Hilfst du mir?«, fragte Luca. »O.k.«… Thomas dachte zwar noch an seine Wut, aber sie ließ schon nach. Er schleppte Ziegelsteine herbei und begann mit der Brücke von der anderen Seite der Pfütze. Schweigend arbeiteten die beiden. Die Ziegelsteine waren schwer, aber beide strengten sich an und kamen vorwärts. Und schließlich war es geschafft: Nur noch ein Stein trennte sie von der Vollendung der Brücke.

Thomas stand auf seinem letzten Stein, als Luca sorgfältig den letzten Stein in die Mitte der Pfütze setzte. Langsam richtete er sich auf und die beiden sahen sich zum ersten Mal wieder ruhig in die Augen. »Morgen gehe ich zu Frau Busch und sage, dass ich schuld war.« Luca wirkte erleichtert, als das heraus war. »Das ist anständig. Ich bin nämlich nicht scharf auf diesen Verweis,« erwiderte Thomas und fügte hinzu: »Gut, dass du da bist. Deine Ideen sind einfach die besten.«

Dann gingen beide über die Brücke in ihr Versteck.

Sonntagnachmittag

»Schreibe etwas zu den Wochentagen! Welches ist dein Lieblingstag und warum? – Dazu fällt euch doch sicher eine Menge ein«, meint der Lehrer, Herr Huber. »Allerdings!« Silvia lächelt und beginnt zu schreiben... Ihr Lieblingstag ist der Sonntag, genau gesagt: Sonntagnachmittag. – Das schrieb sie am Freitag.

»Hallo Silvia! Alles in Ordnung?«, begrüßt Judy am Montag ihre beste Freundin. »Wie war dein Wochenende? Hast du schon gesehen, dass der Huber heute...«. Doch dann bricht sie mitten im Satz ab, denn sie hat Silvias gequälten Gesichtsausdruck bemerkt. »Was ist?«, fragt sie erschrocken. Doch eigentlich weiß Judy, was los ist: »Oh nein, sag bloß – jetzt ist es passiert?« Silvia nickt nur und murmelt: »Nichts ist in Ordnung.« Schon seit Monaten streiten sich Silvias Eltern immer wieder. »Ich hab so Angst, dass sie sich trennen!« hatte Silvia Judy schon vor einiger Zeit erzählt. »Das ist kein normaler Streit. Mama schreit immer wieder: ›Ich halte das nicht mehr aus!‹, und Papa schreit zurück: ›Das passt ja, ich nämlich auch nicht!‹ Und früher, da haben sie sich wenigstens am nächsten Tag ordentlich versöhnt, da hat Papa Blumen gebracht oder so, aber jetzt, jetzt reden sie manchmal tagelang nur noch das Nötigste miteinander.«

Und jetzt war es passiert. Am Sonntagnachmittag. Silvia war mit ihrem Fahrrad draußen gewesen und freute sich schon auf daheim. Weil der Papa unter der Woche nicht so viel Zeit hatte, nahm er sich am Sonntagnachmittag immer extra Zeit für Silvia. Das war die »Spielzeit«: Sie durfte sich das Spiel aussuchen oder einen Vorschlag machen. Ab und zu gingen sie auch ins Kino miteinander. Zum Abendessen gab es in der Imbissbude einen Döner oder Pommes. Und am Abend las dann der Papa ihr und sie ihrem Papa vor: »Vorlesewettbewerb« nannten sie das. Die Mama hatte am Nachmittag frei und ging ins Fitnessstudio und in die Sauna. Ohne Zweifel, Silvia liebte auch ihre Mutter, aber diese Zeit allein mit dem Papa genoss sie besonders, das war immer das Schönste in der Woche! ... Das hatte sie auch alles geschrieben zum Thema »Lieblingstag«. Aber jetzt war es passiert. An diesem Sonntagnachmittag, als Silvia ihr Fahrrad in den Schuppen stellte, hatte sie schon so ein komisches Gefühl. Warum stand eigentlich das Auto nicht vor der Tür? In dem Moment, als sie die Tür aufsperrte, wusste sie, das etwas nicht stimmte. Sie schlich in die Küche, und da saß die Mutter, ganz ruhig, verdächtig ruhig. »Mama?«, sagte Silvia leise. Die Mutter bemerkte Silvia und sah sie mit einer Traurigkeit an, die Silvia das Herz zusammenzog. »Es tut mir so leid. Er ist weg. Dein Papa.« Hilflos hob sie die Schultern: »Es tut mir so leid, Silvia. Es ging nicht mehr.« »Keine Spielzeit, kein Kino mehr? Und der Döner und der Vorlesewettbewerb?«, so nach und nach wurde Silvia bewusst, was das bedeutete. »Wo ist Papa?«, heulte sie. »Er muss sich doch um mich kümmern!« »Oh Kind, ich weiß nicht, wo er ist. Er hat seine Sachen in zwei Taschen gestopft und ist mit dem Auto weg. Er war so wütend, wir haben gestritten...« »Ich ruf ihn an!« Silvia war schon auf dem Weg zum Telefon. »Silvia, das ist vielleicht keine gute Idee jetzt...« Aber Silvia ließ sich von Mama nicht abhalten und hatte schon Papas Handynummer gewählt. Doch da hörte sie es im Wohnzimmer klingeln. »Er hat sein Handy vergessen!«, durchfuhr es Silvia, und sofort danach der schreckliche Gedanke: »Dann... kann ich ihn nicht erreichen...! Aber er ist doch mein Papa! Er muss sich doch um mich kümmern!« Silvia weinte und weinte und sagte das immer wieder. »Silvia – er wird sich kümmern, bestimmt! Er liebt mich nicht mehr, aber dich wird er immer lieb haben!« Aber Silvia ließ sich nicht trösten.

Das war dieser Sonntagnachmittag. Immer war der Sonntagnachmittag Silvias Lieblingstag gewesen. Und mit einem Mal wurde es der schlimmste Tag. Er rief nicht an. Jeden Sonntagnachmittag konnte sie an nichts anderes denken, als dass jetzt die Zeit mit Papa wäre, und sie vermisste ihn so sehr, dass ihr das Herz wehtat. Mama versuchte ihr Bestes, sie versuchte, Silvia abzulenken, backte ihren Lieblingskuchen und ging sowieso nicht mehr ins Fitnessstudio. Auch sie ließ Silvia das Spiel aussuchen, schlug vor, ins Kino zu gehen und lud sie zum Döner ein. Aber es war nicht das Gleiche, es war einfach nicht »richtig«. Mama konnte Papa nicht ersetzen, so sehr sie sich bemühte.

Sonntag um Sonntag verging, einer schlimmer als der andere. Zwei, drei, vier Sonntage. Doch am fünften Sonntag, da klingelte am Nachmittag das Telefon. »Silvia, gehst du bitte hin! Ich hab die Hände voll Teig!«, rief Mama. Silvia nahm den Hörer und meldete sich. »PAPA?!«, schrie sie plötzlich. Und dann: »JAAA!« Sekunden später stand sie in der Tür: »Papa will mich abholen, jetzt gleich! Und immer am Sonntag. Und er will sein Handy holen, damit ich ihn anrufen kann! Mama, darf ich?« Mama stieß ein »Gottseidank!« aus und umarmte Silvia, so gut es mit den Teig-Händen ging: »Was hab ich dir gesagt, mein Schatz: Er hat dich lieb! Er hat eure Spielzeit bestimmt genauso vermisst wie du. Klar, geh nur, viel Spaß an deinem Lieblingstag!«

Das war am Sonntagnachmittag.

M 54

Sina und der Regenbogen

Nein, es ist keine gute Zeit für Sina. Schon seit Wochen läuft alles schief. Nichts gelingt ihr, und immer wieder geschehen Sachen, die sie ärgern oder traurig machen.
Sina seufzt. Sie sitzt am Fenster und schaut in den Regen hinaus. Vorhin ist ihr beim Essen versehentlich das Glas umgefallen. Ihre Mama hat sie angeschrien: »Pass doch auf!« Da hat ihr Vater gesagt: »Mach doch nicht so ein Theater. Das kann doch jedem mal passieren!« Das hat die Mutter nur noch wütender gemacht: »Ja, du kannst gut reden! Wer putzt es denn weg? Wer wäscht denn die Tischdecke? Du? Also misch dich nicht ein!« – »Ich finde, du darfst die Kinder nicht so anschreien.« – »Du hast mir überhaupt nichts zu sagen!«… Nun streiten sie. Schon wieder.
Sina ist hinausgeschlichen. Es tut ihr ja leid. Sie will nicht, dass die Eltern wegen ihr streiten. Sie hat das Glas doch nicht mit Absicht umgeworfen. Sie hat an etwas anderes gedacht. Sie hat daran gedacht, wie sie es den Eltern beibringen soll, dass sie im Diktat schon wieder eine Fünf hat. Bald gibt es Zeugnisse, und es schaut nicht gut aus mit ihrer Deutschnote. Das bedrückt sie. Irgendwann muss sie es den Eltern sagen. Aber das geht jetzt nicht.
Das ist aber noch nicht alles. Ihr Freund Tim hat im Diktat eine Zwei. »Was hast du?«, hat er Sina gefragt. Freundlich hat er gefragt; trotzdem hat sie ihn angefaucht: »Das geht dich überhaupt nichts an!« Nun ist Tim natürlich beleidigt. Obwohl sie den gleichen Schulweg haben, ist Tim vorgelaufen und nicht mit ihr heimgegangen. Weil Sina nur auf Tim geschaut hat, wäre sie auch noch fast mit einer Radfahrerin zusammengestoßen. Die konnte gerade noch bremsen und hatte geschimpft, weil Sina so unvorsichtig gewesen war. – Alles geht schief. Was für ein bescheuerter Tag! Und das geht schon die ganze Zeit so! Immer, immer wieder: Streit, schlechte Noten und einfach alles … Da kommt ihr Opa herein. »Grüß dich, Sina! Na, ist das ein Regen draußen! Aber es sieht so aus, als ob die Sonne bald wieder durchkommt. Wie geht es dir?« »Schlecht!«, brüllt Sina. »Schlecht, schlecht, schlecht! Die Eltern streiten, ewig miese Noten, Tim ist beleidigt und ich habe fast einen Unfall gehabt. Also: schlecht.« »Au weia!«, meint der Opa. Und er setzt sich zu ihr ans Fenster. »Einen Vorteil hat das ja, wenn es dir so schlecht geht: Es kann nur besser werden.« »Was soll denn besser werden?«, brummt Sina. »Ich kann ja gar nichts dafür, dass die Eltern streiten. Und warum sollten die Diktate besser werden?« »Ich übe mit dir«, schlägt der Opa vor. »Das nutzt doch nichts«, jammert Sina. »Es ist einfach alles blöd. Am liebsten würde ich weg sein. Abhauen. Irgendwas. Ich halte es nicht mehr aus!«
Der Opa schaut zum Fenster hinaus und denkt nach. Sina hockt neben ihm und lässt den Kopf hängen. »Sina«, sagt er schließlich. »Nach dem Regen kommt Sonne. Manchmal regnet es wochenlang. Es ist nicht zum Aushalten! Aber: Irgendwann kommt die Sonne wieder. Manchmal kommt sogar ein Regenbogen. Der zeigt dir dann: Auch die Sonne ist da! – Und bei den Menschen ist es doch eigentlich genauso: Manchmal gibt es schlechte Zeiten. Wochenlang. Du hältst es fast nicht mehr aus. Aber du kannst dich darauf verlassen: Auch da kommt irgendwann wieder eine gute und schöne und sonnige Zeit. Manche Sachen kommen von allein, bei anderen kannst du dazu helfen. Das ist sogar noch besser als beim Wetter, da kann man gar nichts machen … Schau mal! Schau mal hinaus! Und, was sag ich?« »Ein Regenbogen!«, staunt Sina. »Was für ein schöner Regenbogen!« Jetzt scheint die Sonne. Der Opa freut sich: »Sina, jetzt glaubst du es mir doch bestimmt: Nach dem Regen kommt die Sonne!« Sina schaut den Opa zweifelnd an, aber bevor sie etwas antworten kann, klingelt es. »Es ist Tim«, meldet die Mutter vom Flur. »Ob du mit Fußball spielen willst?« »Klar!«, ruft Sina. »Darf ich? In fünf Minuten!« Sie dreht sich zum Opa um und lächelt ihn an. Er grinst zurück. »Was meinst du: Um 5 Uhr diktiere ich dir die Lernwörter?«, schlägt er vor. »Okay! Danke, Opa, bis nachher. Ich muss noch etwas erledigen.« Sina zieht sich an, dann geht sie in die Küche, wo immer noch die Eltern sitzen. Sina holt Luft: »Hört

mal! Ich muss euch zwei Sachen sagen: Erstens: Ich habe im Diktat eine Fünf, aber ich übe ab heute mit Opa. Zweitens: Ich kann es nicht leiden, wenn ihr streitet! Hört auf damit! Könnt ihr nicht stattdessen den Kleiderschrank anschimpfen?« Die Eltern schauen beide Sina an. Dann schauen sie sich an. Und dann lachen sie beide los. Sie lachen und lachen. »Guter Vorschlag«, prustet der Vater. »Zum Angriff! Auf zum Kleiderschrank!« »Und wenn wir den fertiggemacht haben, kommt der Wäscheständer dran«, kichert die Mutter. »Aber ruiniert nicht die Wohnung«, mahnt Sina. »Ich bin um fünf wieder da. Tschüs!« »Keine Angst, wir boxen nur die Sessel«, lacht die Mutter hinter ihr her. Sina springt die Treppe hinunter. »Hallo Tim!«, begrüßt sie ihren Freund. »Nett, dass du mich abholst! Entschuldige, ich war blöd zu dir heute Vormittag!« »Schon vergessen«, sagt Tim versöhnlich. »Komm, ich freu mich aufs Spiel!« »Jawoll, toll!«, ruft Sina. Und sie sausen los. Über ihnen leuchtet der Regenbogen.

M 56

Der barmherzige Samariter

Alle:

A
1. Es zog ein Mann nach Je-ri-cho den Weg hin-ab, dem ging es so:
3. Es kam vor-bei, wo das ge-schah, ein Prie-ster, der ihn lie-gen sah.
5. Auch ein Le-vit, am glei-chen Tag, sah ihn, der oh-ne Klei-der lag.
7. Da kam ein Sa-ma-ri-ter her, von Mit-leid war das Herz ihm schwer.
9. Zur Her-berg' brach-te er ihn hin, blieb bis zum Mor-gen, pfleg-te ihn.

jeweils einer:

B
2. Die Räu-ber raub-ten all sein Gut, aus sei-nen Wunden floß das Blut.
4. „Was geht mich der Zer-schlag-ne an? Ein je-der hilft sich, wie er kann!"
6. „Ich mi-sche mich nicht ger-ne ein! Der Klu-ge hält die Fin-ger rein!"
8. „Du Ar-mer, komm, ich wa-sche dir die Wun-den, heb dich auf mein Tier!"
10. Herr Wirt, nehmt die-ses Sil-ber hier für weit-re Pfle-ge und Quar-tier.
11. Und wo was fehlt, Ihr dürft vertraun, ich komm zurück, will nach ihm schaun!"

Alle:

C
12. Hört! Christus spricht: „Wer von den drein mag wohl des Mannes Nächster sein?"

Einige: *Alle:*

D
„Der ihn ge-pflegt und Geld gab zu!" „So ge-he hin und tu auch du!"

Gerd Watkinson

Singordnung in der Reihenfolge der Strophen, Spiel nur andeuten!

Text: Friedrich Hoffmann, Melodie: Gerd Watkinson
Aus: 111 Kinderlieder zur Bibel. © Verlag Ernst Kaufmann, Lahr, Christophorus Verlag, Freiburg

Der barmherzige Samariter

Wieder einmal hatte sich eine Menge um Jesus versammelt, Frauen und Männer saßen um ihn herum. Einige kannten sich mit der Heiligen Schrift, der Tora, gut aus, das waren Priester und Schriftgelehrte. Alle, die da waren, gehörten zum jüdischen Volk. Sie hörten Jesus zu, diskutierten, redeten mit, stimmten zu, widersprachen. Manche waren für Jesus, andere waren gegen ihn. Da tauchte am anderen Ende der Straße eine Gruppe Samariter auf. Die Leute schauten: Die gehörten eindeutig nicht zum jüdischen Volk. Sie waren nicht beliebt, die Leute aus Samarien. Keiner wollte etwas mit ihnen zu tun haben. »Kürzlich hatte unser Nachbar wieder Ärger mit einem Samariter. Der hatte bei ihm einen Krug Öl gekauft und wollte nicht den vollen Preis bezahlen, nur weil der Krug einen winzigkleinen Riss hatte!«, erzählte eine Frau erbost. »Es gab einen furchtbaren Streit. Mein Nachbar hat dann am Ende nachgegeben; aber nicht, weil der Samariter Recht hatte, sondern weil er Angst hatte, dass der Samariter seine Freunde holen und sich rächen würde. Wer weiß, vielleicht hätten sie ihm vor Wut seinen Marktstand zerstört.« »Diesen Samaritern ist alles zuzutrauen!« »Eigentlich sind sie sowieso Fremde hier, sollen sie doch verschwinden und wieder in ihr Land zurückkehren! Keiner hat sie gerufen!« »Genau: Ausländer raus!« So redeten die Leute verächtlich durcheinander. Sie waren sich einig: Alle waren gegen die Samariter. Jesus sah die Leute an und schwieg.

Nun ergriff ein Schriftgelehrter das Wort: »Jesus, was muss ich tun, damit ich ins Himmelreich komme? Wie muss ich leben, dass es Gott gefällt?« »Was ist in der Tora geschrieben? Was liest du dort?«, fragte Jesus zurück. Was da steht, wusste der Schriftgelehrte auswendig: »Du sollst den Herrn, deinen Gott, lieben von ganzem Herzen und deinen Nächsten wie dich selbst.« Jesus nickte und sagte: »Du hast richtig geantwortet. Handle danach und du wirst das ewige Leben finden.« Der Schriftgelehrte war aber noch nicht zufrieden mit der Antwort und fragte: »Und wer ist mein Nächster?«

Da erzählte ihm Jesus eine Geschichte: »Ein Mann ging von Jerusalem nach Jericho. Er wurde von Räubern überfallen; sie schlugen ihn, nahmen ihm alles weg und ließen ihn schwer verletzt liegen. Zufällig kam ein Priester denselben Weg entlang; er sah ihn – und ging weiter. Auch ein anderer jüdischer Mann kam zu der Stelle; er sah ihn – und ging weiter. Dann kam ein Mann aus Samarien, der auf der Reise war. Als er ihn sah, hatte er Mitleid, ging zu ihm hin, versorgte seine Wunden und verband sie. Dann hob er ihn auf seinen Esel, brachte ihn zu einer Herberge und kümmerte sich um ihn. Am anderen Morgen holte er Geld hervor, gab es dem Wirt und sagte: Sorge für ihn, und wenn es mehr kostet, werde ich es dir bezahlen, wenn ich wiederkomme.«

Ein unwilliges Raunen war durch die Menge gegangen, als ausgerechnet ein Samariter als Retter aufgetreten war. »Unverschämtheit!«, schimpfte hinten ein Mann halblaut. Aber es gab auch einige, die nachdenklich geworden waren und wussten, was Jesus mit dieser Geschichte sagen wollte. Auch der Schriftgelehrte, der die Frage gestellt hatte, gehörte dazu. An ihn wandte sich Jesus jetzt und fragte ihn: »Was meinst du: Wer von diesen Dreien hat Nächstenliebe gezeigt? Wer hat es richtig gemacht?« Der Schriftgelehrte senkte den Kopf und antwortete leise: »Der, der geholfen hat.« Da sagte Jesus: »Dann geh und handle genauso!«

Die barmherzige Aylin

Hannes geht in die zweite Klasse, zusammen mit seinen Freunden Frank und Sabine. Auch die anderen Kinder in der Klasse sind nett, nur neben Aylin mag Hannes nicht gern sitzen. Er findet sie dumm. Sie braucht immer so lange für die Hefteinträge. Die Hausaufgaben hat sie auch oft nicht ordentlich gemacht. Aber Frau Gruber, die Lehrerin, schimpft nicht. »Ach, Aylin!«, hat sie einmal geseufzt. »Ich weiß schon: Mit deinen drei Brüdern geht es daheim ganz schön zu. Da hast du nicht die Ruhe, um die Hausaufgaben sorgfältig zu machen...«

Hannes würde eigentlich gern in die Schule gehen, wenn da nicht Felix und Sebastian wären, zwei Viertklässler, deren Lieblingsbeschäftigung es ist, andere zu ärgern. Hannes weiß einfach nicht, wie er sich gegen die zwei wehren kann. Aber zum Glück begegnet er ihnen nicht jeden Tag.

In der Pause nimmt Hannes sein Sticker-Album mit in den Pausenhof. Mit Frank und Sabine tauscht er Sticker. Sein Album ist schon ziemlich voll, das ist Hannes' größter Schatz und er passt gut darauf auf.

So sitzt Hannes an einem Nachmittag auf der Bank beim Spielplatz, mit dem Sticker-Album auf dem Schoß, und wartet auf Frank und Sabine. Doch – verflixt – da kommen ausgerechnet Felix und Sebastian daher! »Ah, unser Freund Hannes!«, ruft Felix. »Du wolltest uns doch gerade Sticker schenken, oder?« »Nein!«, sagt Hannes und drückt sein Album fest an sich. Da sieht er, wie Frank im Hof auftaucht. Doch, oh je! Frank verschwindet sofort, als er Felix und Sebastian sieht, er hat wohl Angst. Aber sicher nicht so viel Angst wie Hannes, denn jetzt kommt Sebastian auf ihn zu: »Letzte Chance!«, droht er. »Rück es lieber freiwillig heraus!« »Ich hole meine Mama!«, hört Hannes da Sabines Stimme, doch auch sie rennt wieder weg und lässt Hannes allein. Nun gehen Felix und Sebastian beide auf Hannes los. Er versucht, sich zu wehren, aber sie sind zu zweit ja viel stärker.

Da! Sebastian reißt Hannes das Sticker-Album aus der Hand. »Das gehört jetzt mir!«, verkündet er. »Das gehört nicht dir!«, ertönt da eine Stimme. Hannes dreht sich um – Aylin steht da! »Hör mal, du kleine dumme Gans, verschwinde mal lieber, aber schnell!«, brüllt Felix. Aber noch lauter brüllt Aylin: »Mustafa, Atakan, Emrah, die sagen kleine dumme Gans zu mir!« »He, Felix, mit den Brüdern mag ich aber lieber nichts zu tun haben!« Sebastian kennt die drei, mit denen kann er es nicht aufnehmen. »Lass uns abhauen!« Das Sticker-Album werfen sie Hannes vor die Füße, und weg sind sie. Aylin lacht, und Hannes hebt voller Erleichterung sein Album auf. »Danke Aylin!« – das kommt aus tiefstem Herzen. »Magst du morgen mit meinen Brüdern und mir zur Schule gehen? Dann können sie aufpassen!«, fragt Aylin. »Wie?« Jetzt erst begreift Hannes: »Deine Brüder sind gar nicht hier? Du hast die reingelegt?....Pu! Nicht schlecht, der Trick!« Hannes ist wirklich beeindruckt. »Die ist ja schlau!«, denkt er. Dann fällt ihm etwas ein: »Aylin, gern gehe ich mit euch zusammen. Du, magst du ein paar Sticker haben? Schau mal, die hab ich alle doppelt...«

M 58b

Du bist eine ältere Frau, die eingekauft hat. Die Taschen sind so schwer, du kannst sie kaum noch tragen.

Ihr zwei seid Touristen, also zu Besuch in München. Ihr kennt euch nicht aus und wollt zum Bahnhof. Ihr wisst nicht, welche Trambahn ihr nehmen müsst und auch nicht, wie man eine Fahrkarte kauft.

Du stehst an der Kasse vom Supermarkt und willst ein Brot kaufen. Es kostet 2 Euro und 2 Cent, aber du hast nur 2 Euro dabei.

M 58c

Das heißt:
Es ist wichtig, **anderen** Gutes zu tun!

Das heißt auch:
Es ist genauso wichtig, **mir selbst** manchmal Gutes zu tun!
(Wenn es anderen nicht schadet!)

Jetzt ordne zu:
Male den Stern * rot, wenn du anderen hilfst!
Male den Stern * blau, wenn du an dich selber denkst!

* Ich helfe, wenn jemand Hilfe braucht.
* Ich bin freundlich zu anderen Menschen.
* Ich ruhe mich manchmal aus.
* Ich kümmere mich um meine Mama, wenn sie krank ist.
* Ich mache, was mir Spaß macht.
* Ich denke an arme Kinder und gebe manchmal etwas Geld.
* Ich leihe meiner Nachbarin den Kleber.
* Ich spiele gern mit meinen Spielsachen.
* Ich gebe meine Spielsachen auch einmal ab.
* Ich helfe meinem Nachbarn, wenn er etwas nicht findet.
* Ich tröste meinen Freund, wenn er sich wehgetan hat.
* Ich nehme Rücksicht auf Schwächere.
* Ich freue mich, dass ich manche Sachen gut kann.
* Ich möchte manchmal allein sein.

Psalm 23   **Das ist gemeint:**

Der Herr ist mein Hirte,
mir wird nichts mangeln.
Er weidet mich auf einer
grünen Aue und führt
mich zum frischen Wasser.

Er erquicket meine Seele.

Er führt mich auf rechter Straße
um seines Namens willen.

Und ob ich schon wanderte
im finstern Tal,
fürchte ich kein Unglück;
denn du bist bei mir,
dein Stecken und Stab
trösten mich.

Schneide die Erklärungen aus und klebe sie
an die richtige Stelle neben den Psalm!

Gott sorgt für mich.

Gott macht mich froh.

Gott hilft mir,
das Richtige zu tun.

Gott tröstet mich,
wenn ich Angst habe.

M 61

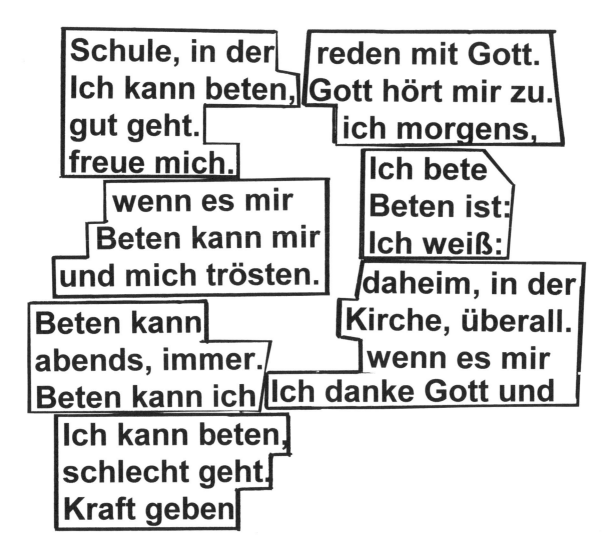

M 62a

Vaterunser

Vater unser im Himmel!
Geheiligt werde dein Name.
Dein Reich komme.
Dein Wille geschehe,
wie im Himmel, so auf Erden.
Unser tägliches Brot gib uns heute.
Und vergib uns unsere Schuld,
wie auch wir vergeben
unseren Schuldigern.
Und führe uns nicht in Versuchung,
sondern erlöse uns von dem Bösen.
Denn dein ist das Reich, und die Kraft,
und die Herrlichkeit in Ewigkeit.
Amen

M 62b

M 63a

Felix und die »Helfenden Hände«

Felix ist unglücklich. Wie in jeder großen Pause steht er allein in einer Ecke des Pausenhofes und sieht den anderen Kindern beim Spielen zu. Wie gerne würde er mit den anderen aus seiner Klasse Ball spielen! Aber er traut sich einfach nicht, sie zu fragen. Felix ist neu in der Klasse. Und er ist schüchtern. Ihm fällt es sehr schwer, auf andere zuzugehen. Deswegen hat er bis jetzt noch niemanden aus seiner Klasse richtig kennengelernt.

Kurz vor Beginn des neuen Schuljahres musste er mit seinen Eltern umziehen. Sein Vater hatte eine neue Arbeit gefunden, und so zogen sie nach München. Nun geht Felix in dieser fremden Stadt in eine Klasse mit lauter fremden Kindern. Dazu kommt, dass er auch noch in der Schule nicht besonders gut ist. Manchmal erklärt Frau Greif, die Klassenlehrerin, Dinge einfach zu schnell und er versteht sie nicht, weil er es in seiner alten Schule anders gelernt hat. Aber anstatt die Kinder aus seiner Klasse zu fragen, sagt er lieber gar nichts und tut so, als ob er es verstanden hätte. Die Hausaufgaben macht er natürlich auch immer allein und weil er den Stoff im Unterricht nicht richtig verstanden hat, macht er dabei oft einige Fehler. Das schlimmste ist, wenn ihn Frau Greif deshalb dann vor der ganzen Klasse schimpft und besonders streng zu ihm ist. Irgendwer hat ihn auch noch ausgelacht. – Nein, die Schule macht Felix wirklich keinen Spaß. Das kann man gut verstehen.

Wenn er so allein im Pausenhof steht, stellt er sich oft eine schönere und bessere Schule vor. In dieser Traum-Schule hat er viele gute Freunde, die Lehrerin ist nicht so streng zu ihm, auf dem Pausenhof lassen die einen die anderen mitspielen und das Lernen macht ihm großen Spaß. Alle helfen sich gegenseitig, und wenn man etwas falsch gemacht hat, wird man nicht geschimpft und auch nicht ausgelacht. – Doch diese Schule gibt es

nur in Felix' Fantasie. Leider…
»Hi, ich bin Suse, warum stehst du denn hier so alleine?«, fragt auf einmal ein großes, freundliches Mädchen aus der 4. Klasse und reißt Felix aus seinen Träumereien. »Ach, ich habe gerade keine Lust zu spielen«, schwindelt Felix verlegen. »Komm doch mal mit!«, sagt Suse und nimmt Felix an der Hand. Bevor er widersprechen kann sind die zwei im Schulhaus, und Suse führt ihn in den dritten Stock. Vor einer Tür bleiben sie stehen. Felix liest das Schild: »Helfende Hände – Neue Mitglieder dringend gesucht!«. Suse klopft und öffnet die Tür. »Hi, Leute!« »Hallo, Suse!«, antworten einige Mädchen und Jungen. Suse bietet Felix einen Stuhl an und die beiden setzen sich an einen runden Tisch. »Willst du vielleicht bei uns mitmachen?«, fragt Suse. »Ähh, bei was denn mitmachen?«, will der verwirrte Felix wissen. »Hast du unsere Schilder und unseren Briefkasten noch nicht gesehen? ›Probleme ohne Ende? Komm zu: Helfende Hände!‹ Wir kümmern uns um die Sorgen aller Schülerinnen und Schüler. Jeder, dem etwas auf dem Herzen liegt, der Streit hat, der Hilfe bei den Hausaufgaben oder beim Lernen braucht, kann zu uns kommen und wir versuchen zu helfen. Wir wollen, dass sich alle in der Schule wohl fühlen. Wir konnten schon vielen Kindern helfen.«
Felix ist so froh, Suse getroffen zu haben! »›Helfende Hände‹ ist echt eine tolle Sache«, denkt er sich und sagt zu Suse: »Ja! Ich würde sehr gerne bei euch mitmachen! Aber ich kenne fast niemand, denn ich bin neu.« »Umso besser! Dann habe ich schon eine Aufgabe für dich und für uns: Wir finden alle neuen Kinder heraus und kümmern uns um sie.« »Ihr bekommt eine Führung durch das Schulhaus!«, schlägt ein Junge vor. »Und ich bin gut in Mathe, ich kann dir helfen«, bietet ein Mädchen an.
Als er am nächsten Morgen in die Schule kommt, stürzen Peter und Georg aus seiner Klasse auf ihn zu. Peter platzt heraus: »He, Felix, meine Schwester Suse hat gesagt, du bist jetzt auch bei ›Helfende Hände‹, stimmt das? Das finden wir total super! Wir haben uns auch schon überlegt, da mitzumachen. Gehen wir später zusammen hin?«
Nun ist Felix nicht mehr unglücklich. Er denkt sich: «Das ist zwar noch nicht meine Traum-Schule, aber es ist schon viel besser als vorher. Jetzt kann ich sogar anderen helfen, dass unsere Schule wirklich eine Traum-Schule wird!«

Benjamin Baumann

M 63b

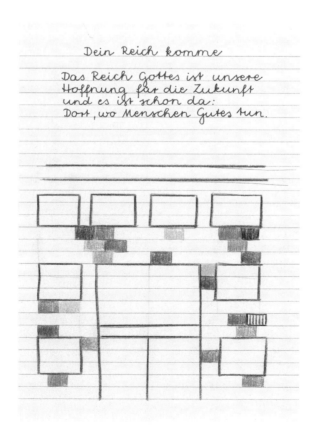

Ausreden

»Dann bis später!«, verabschiedet sich Mirjam von ihrer Freundin Tina und rennt, damit sie den Bus noch erwischt. Am Nachmittag hat sie sich mit einigen aus ihrer Klasse im Hallenbad verabredet. Gut gelaunt erzählt sie das ihrer Mutter beim Mittagessen. »Mama, bekomme ich bitte das Eintrittsgeld?«, fragt sie. »Klar!«, meint ihre Mutter und holt den Geldbeutel. »Ich freue mich ja, dass du etwas unternimmst.« »Wie nett! Danke!«, ruft Mirjam und ist schon auf dem Weg in ihr Zimmer, um die Badesachen zu packen.
»Wo bleibt bloß Tina?«, wundert sich Tobias. Nun warten sie schon eine Viertelstunde vor dem Hallenbad; alle sind da, nur Tina fehlt. »Wir gehen jetzt hinein, würde ich sagen. Sie wird uns schon finden, wenn sie später kommt.«
Tina kommt aber nicht. Am Abend ruft Mirjam sie an. »Du, es tut mir Leid!«, antwortet Tina bedrückt. »Aber meine Mutter hat nicht erlaubt, dass ich mit euch zum Schwimmen gehe, weil…, weil ich erkältet bin.« »Na, dann gute Besserung!«, wünscht Mirjam und legt den Hörer auf. »Komisch!«, murmelt sie kopfschüttelnd. »Heute morgen war sie doch gesund!«

»He, Mirjam, Tina! Ihr seid auch zu meinem Geburtstagsfest am nächsten Samstag eingeladen!«, verkündet Tobias in der Schule. »Wir gehen zum Kegeln! Habt ihr Lust?« »Au ja!« Mirjam klatscht in die Hände. »Tina! Das wird lustig!« Doch Tina druckst herum: »Tobi, da kann ich nicht kommen. Meine Mama sagt, dass wir am Wochenende meine Oma besuchen.« »Tina, nein! Bitte frag doch deine Mama, ob sie das verschieben kann!« Tobi und Mirjam bestürmen Tina zu zweit. »Nein! Ich weiß, meine Mama lässt nicht mit sich reden!«, ruft schließlich Tina verzweifelt. Sie ist den Tränen nahe. »Na, wer nicht will, der hat schon. Dann lässt du es eben bleiben.« Tobi wendet sich ab. Jedenfalls hat sie etwas verpasst, denn Tobis Geburtstag ist lustig. Über Mirjams Geschenk, ein Video von einem lustigen Film, das sie ganz günstig für 9,90 Euro erstanden hat, freut Tobi sich sehr. Sie kegeln den ganzen Nachmittag und haben eine Menge Spaß miteinander. Das alles erzählt am Montag Mirjam Tina. »Soll sie ruhig neidisch werden«, denkt Mirjam. Tina ist auch neidisch, das merkt sie. Mit gesenktem Kopf hört sie Mirjam zu.

Doch erst ein paar Tage später kommt die Wahrheit ans Licht. Es ist wieder Freitag und wieder haben Mirjam und die anderen eine Idee, was sie am Wochenende zusammen unternehmen könnten. »Lasst uns doch ins Kino gehen!«, schlägt Mirjam vor. »Das kostet ja 7 Euro!«, entfährt es Tina. »Na und?«, meint Tobi. »Ja, aber…, ich… hab keine Zeit…«, stottert Tina. Und ehe Tobi und Mirjam etwas sagen können, heult sie los. Sie weint bitterlich. Mirjam hat tröstend den Arm um sie gelegt, Tobi reicht ihr ein Taschentuch. Als Tina sich endlich etwas beruhigt hat, beginnt sie, ganz leise, zu sprechen: »Es ist so: Ich hab überhaupt kein Geld«, schluchzt sie, »weil meine Mama arbeitslos ist. Und sie hat gesagt, ich soll es niemandem erzählen. Aber uns reicht das Geld überhaupt nicht. Sie kann mir kein Geld fürs Schwimmbad geben oder fürs Kino und, Tobi, auch nicht für ein Geburtstagsgeschenk für dich. Es tut mir Leid, ich habe dich angelogen. Aber nur meiner Mutter zuliebe.« Wieder beginnt sie zu weinen. »Das ist bestimmt ganz schön schlimm für deine Mutter und für dich«, meint Tobi mitfühlend. Alle schweigen eine Weile. Doch dann hat Tobi einen Einfall. »Tina!«, schlägt er vor, »dann gehen halt wir nicht ins Kino, sondern ihr kommt zu mir! Wir könnten den Film, den mir Mirjam geschenkt hat, zusammen anschauen! Was meinst du?« »Oder wir fahren mit den Inline-Skates!« »Oder wir spielen Uno!« Tobi und Mirjam überschlagen sich schier vor lauter Vorschlägen. »Und alles kostet nichts! Ist doch toll, was man ohne Geld alles unternehmen kann!« Tina schaut Tobi und Mirjam an: »Ihr seid nicht böse auf mich?«, fragt sie vorsichtig. »Natürlich nicht!«, bekräftigt Mirjam. »Deiner Mama können wir leider nicht helfen, eine neue Arbeit zu finden. Aber dass du unsere Freundin bleibst, das ist doch klar!«

M 65

Die Geschichte von Käpt'n Kokosnuss

Früher hatte ich Angst vor Rico. Als er neu in unsere Klasse kam, zeigte er allen gleich, wo's lang ging. Er war größer und stärker als wir alle, größer und stärker sogar als Oliver. Aus einem anderen Stadtteil war er hierhergezogen, und ich weiß noch, dass ich am ersten Tag mittags dachte: »In der anderen Schule sind die bestimmt froh, dass der weg ist.« Denn es gab Ärger vom ersten Tag an. Rico hielt sich nicht an die Regeln, die unsere Lehrerin, Frau Raab, uns Tag für Tag predigte: »Seid leise im Flur! Wartet auf mich und lauft nicht vor!« ... und so weiter. Die wichtigste Regel war für sie, dass wir uns nicht prügeln sollten. »Mit Worten streiten, nicht mit Fäusten!«, war ihre Devise.
Wie gesagt, es war am ersten Tag, und Rico hielt sich an keine der Regeln: Als Pause war, standen wir oben, aber er rannte mit seinem Brot in der Hand los, ohne auf Frau Raab zu warten. Auf der Treppe überholte er die Kinder der ersten Klasse, und dann passierte es: Ein Junge hob zufällig gerade den Arm, als er vorbeidrängelte, und traf Ricos Hand, die mit dem Brot. Ricos Brot flog in hohem Bogen auf den Boden. Und Rico? Ohne weitere Vorwarnung schlug er den Kleinen so fest, dass er jämmerlich zu schreien und zu weinen begann. Noch lauter war aber Rico. Er schimpfte: »Spinnst du?! Du hast wohl 'nen Sprung in der Schüssel?! Mir mein Brot aus der Hand zu schlagen! Das wird dir noch leidtun!« »Aber ich wollte es doch gar nicht!«, schluchzte der Junge und rieb sich den Arm. »Du hast es aber getan! Blödheit tut halt weh!«, brüllte Rico. Mittlerweile war zum Glück eine Lehrerin, Frau Herrmann, auf den Lärm aufmerksam geworden. »Was ist denn hier los?«, fragte sie. Sie ließ sich kurz von den Kindern erzählen, was passiert war. »Du liebe Zeit! Bloß weil Enes dich versehentlich angestoßen hat, haust du gleich zu?«, fragte sie dann ärgerlich. »Na klar! Wenn er sich so dumm anstellt, kriegt er eine drauf!«, antwortete Rico, der sich nicht einmal von der Lehrerin einschüchtern ließ. »Jetzt hab ich kein Brot mehr, und wer ist schuld? Er! Er soll mir ein neues bezahlen!« »So, und weißt du was: Jetzt kommst du mit ins Büro!«, bestimmte Frau Herrmann, der es allmählich zu bunt wurde. »Dann sehen wir weiter, wer hier was bezahlt und wer eine Strafe bekommt.« »Keine Zeit!«, rief Rico frech und lief weg. »Wie bitte?« Frau Herrmann glaubte nicht recht zu hören. »Das darf ja wohl nicht wahr sein! Wer ist denn das?« – Meine halbe Klasse und ich, wir hatten das alles mitbekommen, und als nun Frau Raab kam, um uns hinunterzubringen, umringten wir Frau Herrmann und Enes. »Das war Rico! Der ist neu in unserer Klasse!«, erzählten einige. »Na, sauber!«, meinte Frau Herrmann und dann sprach sie noch mit Frau Raab, während wir hinausgeschickt wurden. Draußen gab es gleich wieder Probleme. Rico war schnurstracks auf den Sportplatz gestürmt. Es zeigte sich schnell, dass er ein ausgezeichneter Fußballspieler war. Aber wehe, wenn jemand einen Fehler machte! Oliver war der Torwart unserer Mannschaft. Ein guter Torwart, eigentlich. Aber diesmal hatte er Pech: Ein Ball, den er normalerweise sicher gehalten hätte, rutschte ihm aus der Hand und ging ins Tor. Und noch dazu hatten wir damit dann das Spiel verloren! Das war zu viel für Rico. Wutentbrannt rannte er auf Oliver zu und trat ihn gegen das Schienbein. »Wegen dir haben wir verloren!«, schimpfte er. »Lern erstmal richtig Fußball spielen!«
Also, das war Ricos erster Tag. Natürlich beschwerte sich auch Oliver bei Frau Raab, und die schrieb dann, zusammen mit Frau Herrmann, eine Mitteilung an Ricos Eltern. Das hat sie gesagt, vor der ganzen Klasse, und komischerweise war Rico ganz still.
Am Mittag war Rico natürlich das Gesprächsthema Nummer eins. Vor allem Oliver regte sich furchtbar auf – kann ich gut verstehen! Dass der entscheidende Treffer auf sein Konto gegangen war, wurmte ihn sowieso. Aber dass er auch noch den Tritt von Rico einstecken musste! »Den knöpf ich mir vor!«, drohte er. »Er ist aber stärker. Da ziehst du den Kürzeren«, wandte ich ein. »Egal!«, knurrte er wütend. – Auf der Brücke blieben wir stehen. Wir müssen nämlich auf unserem Schulweg am Bach entlang und über die Brücke. Jeden Tag nach der Schule spielen wir das gleiche Spiel; das geht so: Einer wirft ein Stück Holz oder Rinde oder so etwas ins Wasser, irgendetwas, das schwimmt. Dann

versuchen alle, es mit kleinen Steinchen zu treffen. Wer zuerst trifft, hat gewonnen. »He, seht mal, wer da kommt!«, rief plötzlich Anja. Wir drehten die Köpfe: Rico! »Was glotzt ihr denn so?«, blaffte er unfreundlich im Vorbeigehen – aber immerhin ließ er uns in Ruhe. Es stellte sich heraus, dass er den gleichen Schulweg hatte wie ich und nur zwei Häuser weiter wohnte. Oh je, das konnte ja was werden! Zum Glück gingen wir immer zu viert, und die anderen holten mich ab. »Wenn er dir etwas tut, dann kümmere ich mich darum!«, versprach mir meine Mama, als ich ihr alles erzählte. »Aber solange er dich in Ruhe lässt, sollten wir nicht schlecht von ihm denken.« Meine Mama! Sie will immer, dass man nichts Schlechtes von den anderen denkt. Sie glaubt an das Gute im Menschen. Sie ist echt lieb, meine Mama!

Ein paar Tage später hatte Rico ein Kapuzen-Sweatshirt an. Die Kapuze behielt er auf, auch im Zimmer. Gerade schaute sein Gesicht noch heraus. »Ist dir kalt?«, wollte Georgios wissen. »Lass mich doch!«, murmelte Rico und drehte sich weg. Einen kurzen Augenblick sah man seine Backe – war die ganz rot und blau? Ich tauschte einen Blick mit Anja; sie hatte es auch gesehen. Aber dann zuckte sie die Achseln.

Rico war nun schon ein paar Wochen da. Man kann nicht wirklich sagen, dass er sich eingewöhnte. Es gab Ärger noch und nöcher. Aber immerhin waren auch ein paar normale Tage dabei, an denen nichts passierte. Unser Spiel auf der Brücke machte ihm Spaß, da war er jetzt immer mit dabei. Es holte ihn zwar in der Früh keiner von uns ab, aber am Mittag ging er mit uns.

Dann kam so ein Regentag. Wir hatten es alle eilig heimzukommen, besonders Rico, weil er keine Regenjacke hatte. Er trug, wie so oft, seine Kapuzen-Sweatshirt-Jacke. Also mit so einer Jacke hätte mich meine Mama bei dem Wetter nicht in die Schule gehen lassen. Sie war auch schon ganz nass.

»Brr! Ist das ein scheußliches Wetter! Zum Glück bin ich ja jetzt daheim!«, freute ich mich ein paar Minuten später. »Und es gibt dein Lieblingsessen: Nudeln mit Tomatensoße!«, verkündete Mama. »Deck doch schon mal den Tisch!« Als ich das Besteck aus der Schublade holte, sah ich durchs Fenster Rico. Er stand vor seiner Haustür. »Warum geht er denn nicht rein?«, wunderte ich mich. »Er muss doch frieren?« »Was ist denn?«, wollte Mama wissen. »Rico steht da draußen!«, antwortete ich. »Na so was!« Auch sie verstand das nicht. Und dann kam wieder mal eine echte Mama-Aktion: Sie öffnete das Fenster und rief laut: »Rico, he, Rico! Ich bin die Mama von Timo. Magst du zu uns kommen?« Rico kam tatsächlich! »Sind deine Eltern nicht da?«, erkundigte sich Mama, als Rico vor der Tür stand. »Mein Papa – ich weiß nicht«, erwiderte Rico. »Du musst ihm Bescheid sagen. Am besten, du sprichst auf den Anrufbeantworter«, schlug Mama vor. »Und dann solltest du etwas Trockenes anziehen. Timo, holst du mal einen Pulli für Rico?«

Mann, hatte Rico Hunger! Die Nudeln, die eigentlich noch für Papas Abendessen gereicht hätten, aß er ganz auf. »Darf ich noch etwas nehmen?«, fragte er immer wieder. »Gern! Es freut mich, wenn es dir schmeckt!«, meinte Mama. Nach dem Essen ist immer Lesezeit bei uns. Mama trinkt ihren Kaffee und liest die Zeitung, ich mache es mir auf dem Sofa bequem und lese ein Buch. Das Beste ist: Wenn ich ein Kapitel gelesen habe, liest Mama mir eins vor. Ah, das mag ich gern! Aber Rico erst: Er saß auf dem Sofa, hörte total aufmerksam zu, stellte auch immer wieder Fragen und wollte alles ganz genau wissen. Es war die Geschichte vom Käpt'n Kokosnuss, dessen Schiff von Piraten versenkt wurde. Er strandete auf einer einsamen Insel. Als das Kapitel zu Ende war, bettelte er: »Bitte weiterlesen, bitte! Es ist gerade so spannend!« »Lesen deine Eltern dir nicht vor?«, wollte Mama wissen. »Mein Papa – nein! Nie! Und meine Mama ist weggegangen«, sagte Rico leise. »Oh, das tut mir leid«, sagte Mama und fügte dann hinzu: »Wenn du magst, kannst du gern öfter kommen, zum Essen oder zum Vorlesen.«

Erst bekam ich einen Schreck, als Mama diesen Vorschlag machte. Aber schon nach ein paar Tagen merkten wir beide, dass Rico wirklich nett sein konnte. Er half beim Tischabräumen und so. Rico liebte die Lesezeit über alles. Und das Lustige war: Er wollte immer das gleiche Buch hören. Mama las die Geschichte von Käpt'n Kokosnuss für ihn noch einmal von vorn. Klar, er kannte ja den Anfang nicht. Aber als sie zu Ende war, bat er: »Bitte, nochmal! Die Geschichte ist so schön!« »Na gut!«, lächelte Mama. »Wenn es dir solche Freude macht! Aber heute nicht mehr!« – Als Mama das Buch zum zweiten Mal las, fragte Rico plötzlich: »Was ist eine Kokosnuss?« »Du hast noch nie eine Kokosnuss gesehen?«, wunderte sich Mama. »Na, da bring ich doch mal eine mit!«

Das tat sie dann bei nächster Gelegenheit, und zu dritt, mit Bohrer, Säge und Stemmeisen, schafften wir es, sie zu knacken. »Mhm! Das schmeckt! Jetzt bin ich Käpt'n Kokosnuss!«, lachte Rico, denn auf der einsamen Insel hatte sich Käpt'n Kokosnuss natürlich nur von Kokosnüssen ernährt. Er wollte die Geschichte spielen und rief: »Endlich! Da ist ein Schiff!« Er begann, wild zu winken. Doch wie dumm! Dabei warf er sein volles Saftglas um! Der Saft ergoss sich über die Tischdecke, über die Kokosnuss und über Mamas Hose. »Oh je!«, rief Mama aus und sprang auf. Eilig holte sie Lappen und wusch ihre Hose aus. »Schnell, helft doch!«, forderte sie uns auf, aber Rico blieb sitzen. Erst jetzt fiel uns auf, dass er starr vor Schreck, mit eingezogenem Kopf dasaß. »Was ist denn?« Mama trat auf ihn zu. Rico zuckte zurück. »Das ist doch nicht so schlimm!«, beruhigte ihn Mama. »Es war ja nicht Absicht!« Rico sagte nichts, aber er half dann doch beim Aufputzen. Als er sich später verabschiedete, druckste er etwas herum, und schließlich fragte er: »Darf ich morgen wieder kommen?« »Natürlich! Du bist willkommen! Das weißt du doch!«, versicherte meine Mama. Ricos Gesicht hellte sich auf, als er das hörte: »Ja dann, bis morgen, und: Danke!« Als er gegangen war, schaute Mama ihm kopfschüttelnd nach: »Kann sein, dass sein Papa anders reagiert, wenn er etwas umwirft«, seufzte sie und fügte hinzu: »Der Papa, dem es scheinbar egal ist, wie viele Stunden sein Sohn nicht daheim ist …«

In der Schule lief es immer besser mit Rico. Er fand sich zurecht, war nicht mehr so brutal und hatte gelernt, auf Frau Raab zu hören. Nur mit Oliver gab es immer noch Probleme; die beiden waren am ersten Tag Feinde geworden und das änderte sich nicht. Solange sie sich nicht in die Quere kamen, ging es einigermaßen.

Mama brachte wieder eine Kokosnuss mit, und diesmal schenkte sie sie Rico! Rico freute sich wie toll. Er sprang jubelnd mit der Kokosnuss in der Hand durch die Küche, und Mama und ich, wir mussten beide lachen, weil er gar so begeistert war – wegen einer Kokosnuss! Das ist doch nichts Besonderes. Für Rico war sie aber offensichtlich etwas Besonderes, und er nahm sie am nächsten Tag sogar mit in die Schule, um sie den anderen zu zeigen. »So, Rico, jetzt aber weg mit der Kokosnuss; jetzt wird gelernt!«, bestimmte Frau Raab, und Rico packte die Kokosnuss in seine Schultasche. Weil die Kokosnuss so groß war, konnte Rico seine Tasche nicht mehr zumachen. »Ich muss aufpassen, dass ich sie nicht verliere«, murmelte Rico.

Später waren wieder alle auf der Brücke versammelt. Die Taschen standen herum, während wir versuchten, das im Bach schwimmende Holzstück zu treffen. Anja hatte eine Handvoll Steinchen gesammelt, und alle drängten zu ihr hin, um sich Steinchen zu nehmen. Da passierte es: Oliver stieß an Ricos Tasche, die Tasche kippte um, die Kokosnuss rollte heraus und – ehe jemand reagieren konnte – fiel sie über den Rand der Brücke in den Bach. Wir hörten sie platschen, stürzten zum Geländer – da schwamm sie davon. Erst waren wir alle wie erstarrt. Wir sahen der Kokosnuss nach, wie sie von der Strömung weggetragen wurde. Vorsichtig warfen wir einen Blick auf Rico, der aussah, als würde er gleich losheulen. Wer aber dann tatsächlich zu weinen begann, war Oliver. »Das wollte ich nicht!«, schluchzte er. Rico ging auf ihn zu, hob die Hand, und wir dachten alle: »Jetzt gibt's Prügel!« Aber, es war unglaublich: Rico legte seine Hand tröstend auf Olivers Schulter und sagte leise: »Nicht so schlimm!« Dass ihn das Überwindung kostete, war ihm anzumerken, na klar, es war ja auch seine geliebte Kokosnuss futsch. Aber er schaffte es. Er konnte Oliver verzeihen!

Schweigend machten wir uns auf den Heimweg. Ich konnte es gar nicht erwarten, meiner Mama das alles zu erzählen. Ich wusste genau, was sie tun würde, wenn sie diese Sache hörte. »Kommst du heute mit zu mir?«, fragte ich Rico. Der nickte, und ein kleines Lächeln erschien auf seinem Gesicht.

Und führe uns nicht in Versuchung…

»Herzliche Einladung zum Sommerfest der Schule! Am Freitag um 15 Uhr ist für jeden etwas geboten: Spiele, Losbude, Flohmarkt, Kaffee und Kuchen, Hüpfburg und ein Wettrechnen! Hauptpreis: Ein MP3-Player im Wert von 150 €!« Sonja lässt den Zettel sinken. Ein MP3-Player, das wäre es! Den wünscht sie sich schon lange! Ihre Lieblingsmusik auch im Bus zu hören oder wenn sie mit den anderen ins Schwimmbad geht, das fände sie toll. Doch zu ihrem 13. Geburtstag hatte sie ihn wieder nicht bekommen. »Na, Sonja, den hättest du wohl gern!«, hört sie da plötzlich eine Stimme hinter ihr. Sonja zuckt zusammen und fährt herum. »Hey, du kannst doch nicht seit Neuestem Gedanken lesen!«, erwidert sie. Hinter ihr steht Bernd, den sie nicht gerade besonders mag. »Das war nicht nötig!«, meint der grinsend. »Du hast ja selbst letzte Woche noch davon gesprochen, wie sehnsüchtig du auf Weihnachten wartest, weil du einen MP3-Player willst. Nur: Bis dahin dürften es noch annähernd 200 Tage sein. Zu schade aber auch!« »Kann dir doch egal sein!« Sonja weiß, warum sie Bernd nicht mag. Der immer mit seinen blöden Bemerkungen! Sie will gehen, doch Bernd hält sie auf. »Die Sache ist nämlich die…«, flüstert er verschwörerisch, »Du könntest doch vielleicht das Wettrechnen gewinnen, rein zufällig!« »So, rein zufällig!« Jetzt wird Sonja langsam ungeduldig. »Was willst du denn überhaupt?« »Nicht ganz zufällig!« Bernd hält sie am Arm fest. »Man könnte vielleicht vorher die Lösungen wissen…!« Sonja schaut Bernd prüfend an, aber er scheint es ernst zu meinen.
»Du hast die Lösungen?«, fragt sie ungläubig. »Woher denn?« »Pst. Berufsgeheimnis! Man kommt so herum, wenn man für die Lehrer etwas holen soll, zum Beispiel am Schreibtisch von Frau Heitmann. Zu leichtsinnig aber auch, die Rechnungen einfach so in die Schublade zu legen…« Bernd zieht einen zerknitterten Zettel aus der Tasche. »Nun sag schon: Hast du Interesse oder nicht?« »Nun, da wären noch zwei nicht unwichtige Fragen zu klären«, sagt Sonja. »Erstens: Warum benutzt du die Lösungen nicht selber? Und: Was willst du dafür?« »Ach ja, stimmt! Ganz umsonst gibt es dieses Zettelchen natürlich nicht. Tja, ich dachte an ein Referat in Deutsch, natürlich mit dem Computer geschrieben. Das wäre doch ein guter Tausch. Und, übrigens: Ich habe schon einen MP3-Player, deswegen will ich nicht selbst gewinnen!« Sonja überlegte. Sie war nicht schlecht in Deutsch. Das Referat, das Bernd meinte, war eine Buchvorstellung. Eigentlich kein Problem für sie. Buch lesen, ein bisschen darüber schreiben… für einen MP3-Player! »Einverstanden! Schlag ein!« Und Sonja streckt Bernd die Hand hin.
»587, 203, 444, 0, 682« murmelt Sonja zum hundertsten Mal vor sich hin. Sie prüft noch ein letztes Mal. Doch, sie kann die Zahlen auswendig. Der große Tag ist gekommen. Bernd hat sein Referat bekommen und sie den Zettel mit den Lösungen. Etwas komisch war ihr schon zumute, als sie sich für das Wettrechnen angemeldet hatte, aber sie schiebt das schlechte Gewissen beiseite. »Keine freut sich so auf den MP3-Player wie ich!«, denkt sie. »Die sollen mir ruhig gönnen, dass ich ihn gewinne!« »Die Teilnehmer des Wettrechnens sollen nun bitte auf die Bühne kommen!«, kündigt die Schulleiterin das große Ereignis an. Sonja schiebt den Zettel schnell in die Tasche zurück. Niemand hat sie beobachtet. Auf der Bühne sind für die Teilnehmer Stühle aufgebaut. 14 Schülerinnen und Schüler hatten sich gemeldet. Die Aufgabe besteht darin, lange Kettenaufgaben im Kopf zu lösen. »Ich bitte um Ruhe!«, ruft die Mathelehrerin. »Es geht los! Die erste Aufgabe lautet: 285 + 341 + 94 : 8 x 7 – 432 + 389 = ?«
»587!«, stößt Sonja hervor. Doch als die Leute begeistert klatschen, kommt sie sich plötzlich ganz elend vor. Das hat sie nicht verdient. Nein, das ist nicht richtig! Ihr kommt das Vaterunser in den Sinn: »Und führe uns nicht in Versuchung«, heißt es doch da. Sonja passt überhaupt nicht mehr auf. Eben hat eine Mitschülerin die zweite Aufgabe richtig gerechnet.
Auf einmal will Sonja den MP3-Player gar nicht mehr gewinnen. Sie senkt den Kopf und presst den Mund zu. Als kurze Zeit später strahlend die Mitschülerin den Preis in Empfang nimmt, schleicht Sonja von der Bühne. »Das ist ja gerade noch einmal gut gegangen!«, seufzt sie. »Wie lange ist es noch bis Weihnachten?«

Und führe uns nicht in Versuchung

587
203
444
0
682

ANHANG

Die Querverbindungen (QV) zum allgemeinen Lehrplan

PL:
Pädagogisches Leitthema
- 1/2.1. Sich selbst wertschätzen
- 1/2.2. Verantwortungsgefühl für eigenes Handeln entwickeln
- 1/2.3. Anderen mit Achtung begegnen
- 1/2.4. Füreinander da sein

KR:
Katholische Religionslehre

Wird hier auf eine Querverbindung hingewiesen, so lautet das Thema gleich oder ähnlich wie im evangelischen Religionsunterricht

Eth:
Ethik
- 1/2.1. Sich selbst entdecken
- 1/2.2. Miteinander leben; Familie, Gemeinschaft
- 1/2.3. Rhythmen und Ordnungen schätzen
- 1/2.4. Dem Sinn von Brauchtum und Fest nachspüren
- 1/2.5. Staunen lernen und Achtung empfinden
- 1/2.6. Mit Gefühlen umgehen

D:
Deutsch

Der Bereich 1/2.1.: »Sprechen und Gespräche führen« kommt im Religionsunterricht ständig und in hohem Maße zum Tragen, ist aber nicht bei den Stunden eigens aufgeführt.
- 1/2.1.1. Einander erzählen und einander zuhören
- 1/2.1.2. Sich und andere informieren
- 1/2.1.3. Miteinander sprechen und miteinander umgehen
- 1/2.2.1. Lesen und Schreiben als bedeutsam erleben
- 1/2.2.3. …Texte erlesen und verschriften
- 1/2.2.4. Lese- und Schreibfähigkeit in vielfältigen Situationen anwenden und vertiefen
- 1/2.3.1. Texte verfassen
- 1/2.4.1. Sprache als Zeichensystem verstehen; u.a.: Sich mit Worten und ohne sie verständigen
- 1/2.5. Lesen und mit Literatur umgehen

HSU:
Heimat- und Sachunterricht
- 2.2.2. Meine Person; Gefühle und Empfindungen äußern, einen eigenen Standpunkt vertreten (Rollenspiele), die Verantwortung für sich selbst erkennen und wahrnehmen (auch dieses Lernziel begleitet den Religionsunterricht durchwegs!)
- 2.4.1. (auch 1.4.2., 1. Klasse) Lebensgemeinschaft Familie
- 2.5. Leben mit der Natur
- 2.5.1. u.a.: Achtung und Verantwortung gegenüber Tieren und Pflanzen entwickeln

MuE:
Musikerziehung
- 2.1.1. Singen altersgemäßer Lieder
- 2.1.2. Mit Instrumenten spielen
- 2.3. Musik hören
- 2.4.2. Szenen spielen

KuE:
Kunsterziehung
- 2.2. Menschen als Gestalter ihrer Welt; u.a.: jahreszeitlicher Schmuck

Materialliste zum rechtzeitigen Planen:

Das wird benötigt

Immer: Religionsheft (liniert in DIN-A4), Tafel oder Tageslichtprojektor (OHP), Federmäppchen (schreiben mit Bleistift oder Füller, malen mit Buntstiften; *auf Filzstifte und Tintenkiller verzichte ich der Umwelt zuliebe grundsätzlich*); Schere, Klebestift; griffbereit sind Wachsmalkreiden, Wasserfarben; Kindergesangbuch, z.B. Gitarre oder Keyboard, um die Lieder zu begleiten

Dazu:

September/ Oktober/ November Miteinander leben – füreinander da sein

1. Wir kommen zum Religionsunterricht zusammen
Papier in acht verschiedenen Farben, Wasserfarben, evtl. Namenskarten
Religionshefte in DIN-A4, wenn möglich, von der 1. Klasse weiter benutzen

2. Leben zur Zeit Josefs
Möckmühler Arbeitsbogen Nr. 5: Josef, vom Aue Verlag
(www.aue-verlag.de, Medien, Landkarten), Lied (M 2)

3. Josefs Familie
Lied (M 2), Erzählung (M 3), Bild (M 12)

4. Josefs schönes Kleid
gemustertes Geschenkpapier, Lied (M 2), Erzählung (M 4), Hefteintrag (M 13)

5. Das zahlen wir ihm heim
braunes Tonpapier, Lied (M 2), Erzählung (M 5), Hefteintrag (M 14)

6. Die Brüder verkaufen Josef
Rupfenstoff, gelbes oder hellbraunes Papier, einige Münzen, Lied (M 2), Erzählung (M 6), Hefteintrag (M 15)

7. Josef kommt nach Ägypten
gelbes Papier, Lineal, gebasteltes Modell einer Pyramide aus festem gelbem Papier siehe Anleitung M 17, Lied (M 2), Erzählung (M 7), Hefteintrag (M 16)

8. Im Gefängnis
Zahnstocher, Klebestreifen, festes Papier, Lied (M 2), Erzählung (M 8), Hefteintrag (M 18)

9. Der Pharao träumt
blaues Tonpapier, Lied (M 2), Erzählung (M 9), Bild (M 19)

10. Josef wird Minister
100 g Körner, z.B. Weizen, braunes und gelbes Papier, durchsichtige selbstklebende Folie, Lied (M 2), Erzählung (M 10), Hefteintrag (M 20)

11. Gott hat alles gut gemacht (1)
Lied (M 2), Erzählung (M 11)

12. Meine Familie
Familienfotos

13. Mama und 14. Papa
Folie (M 21a)

15. Geschwister
Folie (M 21a), Erzählung (M 21b), Bild Teddy (M 21c)

16. Ich
evtl. ein Star-Portrait aus einer Zeitschrift, Fragebogen (M 22),
Zollstock, kleine Zettel

17. Familienrat
Erzählung (M 23a), Arbeitsblatt (M 23b)

18. Leos Garten
Erzählung (M 24), Rechenblock

19. Gott hat alles gut gemacht (2)
großes Papier, Wasserfarben, Textkarten (M 25)

Dezember *Auf Weihnachten* *warten –* *Erfüllung erleben*	*1. Advent – Warten und Hoffen* Adventskranz, schwarzes Tonpapier *2. Allein fällt das Warten schwer* Tonpapier in verschiedenen Farben, Goldpapier, Bild auf Folie (M 27), Erzählung (M 29) *3. Marias Weihnachtsgeschichte* Erzählung (M 30), Weihnachtsbild als Folie, evtl. blaues Papier *4. In Armut geboren* Weihnachtsbild, Bild (M 28), Postkarten: Krippendarstellungen *5. Marias Geschichte geht weiter* Bild Tempel (M 32), Erzählung (M 31), evtl. Bildmaterial über den Tempel von Jerusalem (z.B. ausgeliehen von einer Medienstelle oder Bücherei; gleich Material mit ausleihen oder vorbestellen für die Stun- den »Das Land, in dem Jesus gelebt hat« und »Die jüdische Religion« im Januar s. dort) *6. Wir feiern Weihnachten* Material je nach Verlauf, siehe S. 38
Januar/Februar *Von der Hilfe* *Jesu erfahren*	*1. Das Land, in dem Jesus gelebt hat* Landkarte von Palästina zur Zeit Jesu (in vielen Schulen in der Lehr- mittelsammlung vorhanden, ansonsten ausleihen von einer Medienstelle oder vergrößerte und kolorierte Kopie von M 33), Blanko-Plan (M 33),

Lückentext (M 34), evtl. weiteres Material ausleihen über das Leben zur Zeit Jesu

2. Leben in der Familie
Erzählung (M 35a), Tabelle und Karten (M 35b), vergrößert und laminiert, die Karten werden ausgeschnitten; evtl. Kopien davon für die Schü.

3. Die jüdische Religion
Erzählung (M 35c), Text (M 35d), evtl. konkretes Material, z.B. ein siebenarmiger Leuchter, evtl. Bildmaterial aus Bücherei oder Medienstelle

4. Zachäus, armer, reicher Mann und 5. Zachäus ändert sich
Bilder (M 36a), Hefteintrag (M 36b), verschiedenfarbige Papierschnipsel, Lied (M 37), Neukirchener Kinder-Bibel

6. Menschen ändern sich
Lied (M 37), Erzählung (M 38a), Bild Meerschweinchen (M 38b)

7. Jesus heilt den Gelähmten
Erzählung (M 39), weiße Tapete oder etwas Ähnliches, Wolle in Naturfarbe, Pappe

8. Vor Angst wie gelähmt
Erzählung (M 41a), Rollenspiel-Anweisungen (M 41b)

9. Behindert?
Erzählung (M 42b), Bild Schachfiguren (M 42c), evtl. kariertes Papier DIN-A4, Lineal; evtl. schwarzes Tonpapier (pro Schü 4 Streifen je 16 x 2 cm)

10. Jesus heilt den Aussätzigen
Buch: Geschichten zur Bibel – Jesus von Nazareth, Teil 2, von Werner Laubi, evtl. Material vom Deutschen Aussätzigen Hilfswerk e.V., Telefon 0931 / 50784

11. Wenn Jesus heute käme
Erzählung (M 42a)

März
Einsamkeit erfahren – Zuversicht gewinnen

1. Maria Magdalena
Erzählung (M 43), für diese und die folgenden Stunden: Möckmühler Arbeitsbogen Nr. 7: Christ ist erstanden!, vom Aue Verlag (www.aue-verlag.de, Medien, Landkarten)

2. Das Abendmahl
Bilder (M 44), Erzählung und Text (M 45)

3. Gefangennahme und Verurteilung
Erzählung (M 46)

4. Jesus stirbt am Kreuz
Musik, z.B. von Joh. Seb. Bach aus der Johannes-Passion, Wasserfarben, Unterlagen, Erzählung (M 47)

5. Er ist auferstanden!
Musik s.v., Wasserfarben, Unterlagen, Erzählung (M 49), Anleitung zur Gestaltung des Kreuzes (M 48)

6. Das Kreuz
Lied (M 26), Karten (M 50): die zusammenhängenden Fragen/ Antworten werden jeweils auf gleichfarbiges Papier aufgeklebt

7. Jesus beendet den Teufelskreis der Gewalt
»Teufelskreise« (M 51), Erzählung (M 52a)

8. Wie können wir den Teufelskreis beenden?
»Teufelskreis« (M 51), Erzählung (M 52b), blaues Transparentpapier und oranges Tonpapier, Hefteintrag (M 52c)

April/Mai
Bewahrende
Ordnungen
in der Schöpfung
entdecken

1. Der ewige Kreis der Natur
Natur-Bilder oder Fotos, z.B. von Sommer und Winter, Tag und Nacht, Sonne und Regen, evtl. der Titelsong »Der ewige Kreis« aus dem Film/Musical »Der Köng der Löwen«

2. Immer das Gleiche
Gegenstand aus dem Leben des L, der für eine immer wiederkehrende Gewohnheit steht, z.B. Weihnachtsglocke

3. Alles in Ordnung?
Erzählung (M 53)

4. Noah baut die Arche
Bilder oder Musik mit Regen oder Wasser, Wasserfarben, Unterlagen, DIN-A1-Papier, Neukirchener Kinder-Bibel

5. Noah wird gerettet
Die Wasserbilder vom letzten Mal, eine größere gemalte Arche (s. M 54, auf DIN-A3 gemalt und ausgeschnitten), Neukirchener Kinder-Bibel, Hefteintrag (M 54)

6. Beschützt in der Arche
Das große Wasserbild (s. 4. Std.), Arche (s. 5. Std.); Zettel, am besten in den Farben braun und blau, Wortkarten mit den Begriffen: Arche, Flut, Schutz, Gefahr, Sicherheit, Angst

7. Der Regenbogen
Bild oder Foto von einem Regenbogen, wasserlösliche Farbstifte (zu erkennen an einem Pinselsymbol oder dem Wort »Aquarell«) oder wasserlösliche Wachsmalkreiden, Pinsel

8. Nach dem Regen kommt die Sonne
Bild oder Foto vom Regenbogen, Erzählung (M 55)

Mai
Mit Geschichten der Bibel leben – aus Geschichten der Bibel lernen

1. Der barmherzige Samariter
Erzählung (M 57); Lied (M 56)

2. Liebe deinen Nächsten!
Bild aus dem Religionsbuch Wegzeichen 2, Erzählung (M 58a), Rollenspielanleitung (M 58b), evtl. ein paar Sticker zum Verteilen oder Kopiervorlage: Sticker (M 58c), Lied (M 56)

3. Diakonie
Möckmühler Arbeitsbogen Nr. 71: »Diakonie«, vom Aue-Verlag (www.aue-verlag.de, Medien, Landkarten), Lied (M 56)

4. Ein Interview
Kassettenrecorder mit Mikrofon, Leerkassette, Telefonbuch, Lied (M 56)

5. ... wie dich selbst!
Arbeitsblatt (M 59), Lied (M 56)

Juni/Juli
Sich im Gebet an Gott wenden

1. Psalmen
Arbeitsblatt (M 60)

2. Wir beten: Das Vaterunser
pro Gruppe ein Puzzle (M 61), Vaterunser (M 62a)

3. Vater unser im Himmel
farbige (z. B.: rote, orange, hellgrüne, gelbe) Zettel, auf denen steht: Gott ist wie die Sonne / Gott ist wie ein Vater / Gott ist wie eine Mutter / Gott ist wie ein guter Hirte; in den gleichen Farben: vier Bögen Transparentpapier DIN-A4, weißes Papier DIN-A2, jeweils 4 Transparentpapierstücke je Schü (ca. DIN-A7), Hefteintrag (M 62b)

4. Dein Reich komme
Erzählung (M 63), bunte Zettel (DIN-A6)

5. Unser tägliches Brot gib uns heute
Erzählung (M 64)

6. Material: Erzählung (M 65), zurechtgeschnittenes braunes Tonpapier, 4 mal 4 cm; effektvoll ist es, wenn die Lehrkraft eine Kokosnuss dabei hat. (Die gibt es in gut sortierten Supermärkten und sie hält ewig. Man muss nur eine im Lehrer-Leben kaufen.)

7. Und führe uns nicht in Versuchung
Erzählung (M 66), kariertes Papier, braunes Tonpapier DIN-A6 und DIN-A7, Hefteintrag (M 67)

8. Amen
großes Tuch und kleine bunte Zettel, auf farbigem Papier das Wort »Amen«, wasserfeste Wachsmalkreiden, Wasserfarben

Literaturverzeichnis

Folgende Bücher und Medien werden für den Unterricht benötigt:

Andreas Ebert (Hrsg): Das Kindergesangbuch, Claudius, München 1998

Möckmühler Arbeitsbögen vom Aue Verlag, 74215 Möckmühl (www.aue-verlag.de, Medien, Landkarten)
Nr. 5: Josef
Nr. 7: Passionskarte
Nr. 71: Diakonie

Wegzeichen Religion 2, Diesterweg, Frankfurt 2002

Werner Laubi und Annegert Fuchshuber: Kinderbibel, Lahr, 5. Auflage 1995

Irmgard Weth: Neukirchener Kinderbibel, Kalenderverlag des Erziehungsvereins, Neukirchen-Vluyn 1988, 12. überarbeitete und ergänzte Auflage 2000

Verwendet wurden außerdem folgende Bücher:

Lehrplan für die Grundschulen in Bayern vom 9. August 2000

Die Bibel, Einheitsübersetzung, Herder, Freiburg 1980
Luther-Bibel für dich, Deutsche Bibelgesellschaft, Stuttgart 1996

Ginette Hoffmann und Jocelyne Ajchenbaum: Zur Zeit Jesu in Jerusalem, Union 1994

Max Bolliger: Joseph, Ravensburger Verlag, Ravensburg 1967
Max Bolliger: Jesus, Benziger & Kaufmann, 1982

Elfriede Conrad (Hrsg): Erzählbuch zum Glauben 3 – Das Vaterunser, Benziger/Kaufmann 1985

Werner Laubi: Geschichten zur Bibel, Band 3: Abraham Jakob Josef, Kaufmann/Patmos 1994

Religionsunterricht –
stressfrei und schnell vorbereiten

Übersichtlich aufgebaute Stundenentwürfe für ein ganzes Schuljahr, kindgemäß und leicht umsetzbar, mit vielen Kopiervorlagen

Relifix 1
ISBN 3-532-71163-X

Relifix 3
ISBN 3-532-71166-4

Relifix 4
ISBN 3-532-71167-2

Sie wollen Ihren Klassen einen abwechslungsreichen Unterricht bieten, doch im Alltag fehlt oft die Zeit für eine gründliche Vorbereitung? Abhilfe schaffen die Bücher der erfahrenen Religionspädagogin Hanna Bogdahn. Sie bieten fix und fertig aufbereitete Stundenentwürfe. Mit Stoffverteilungsplan, Kopiervorlagen, Erzählungen und übersichtlichen Materialangaben helfen sie, den Vorbereitungsaufwand auf ein Minimum zu reduzieren. So entsteht ganz leicht gelungener Unterricht, der Lehrkräften und Schülern Spaß macht. Ein besonderes Augenmerk liegt auf der Vernetzung mit anderen Schulfächern.

Aufgrund der großen Themenvielfalt eignet sich die Reihe »Relifix« für den Einsatz in allen Bundesländern.

www.claudius.de

claudius